AF327840

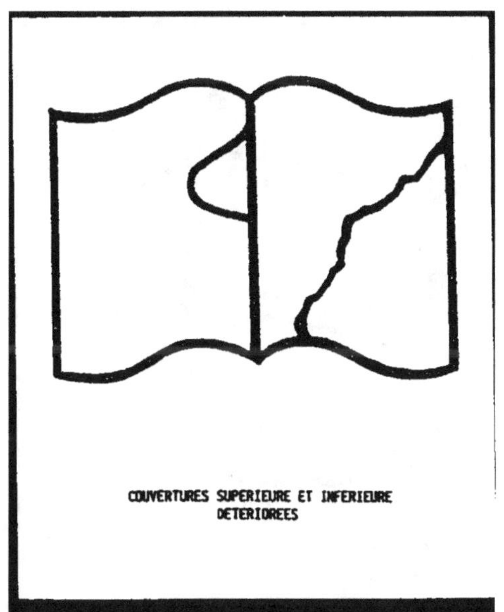

COUVERTURES SUPERIEURE ET INFERIEURE
DETERIOREES

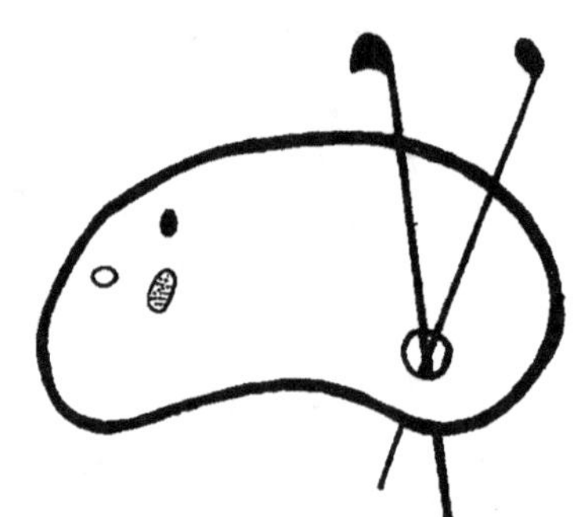

COUVERTURE SUPÉRIEURE ET INFÉRIEURE
EN COULEUR

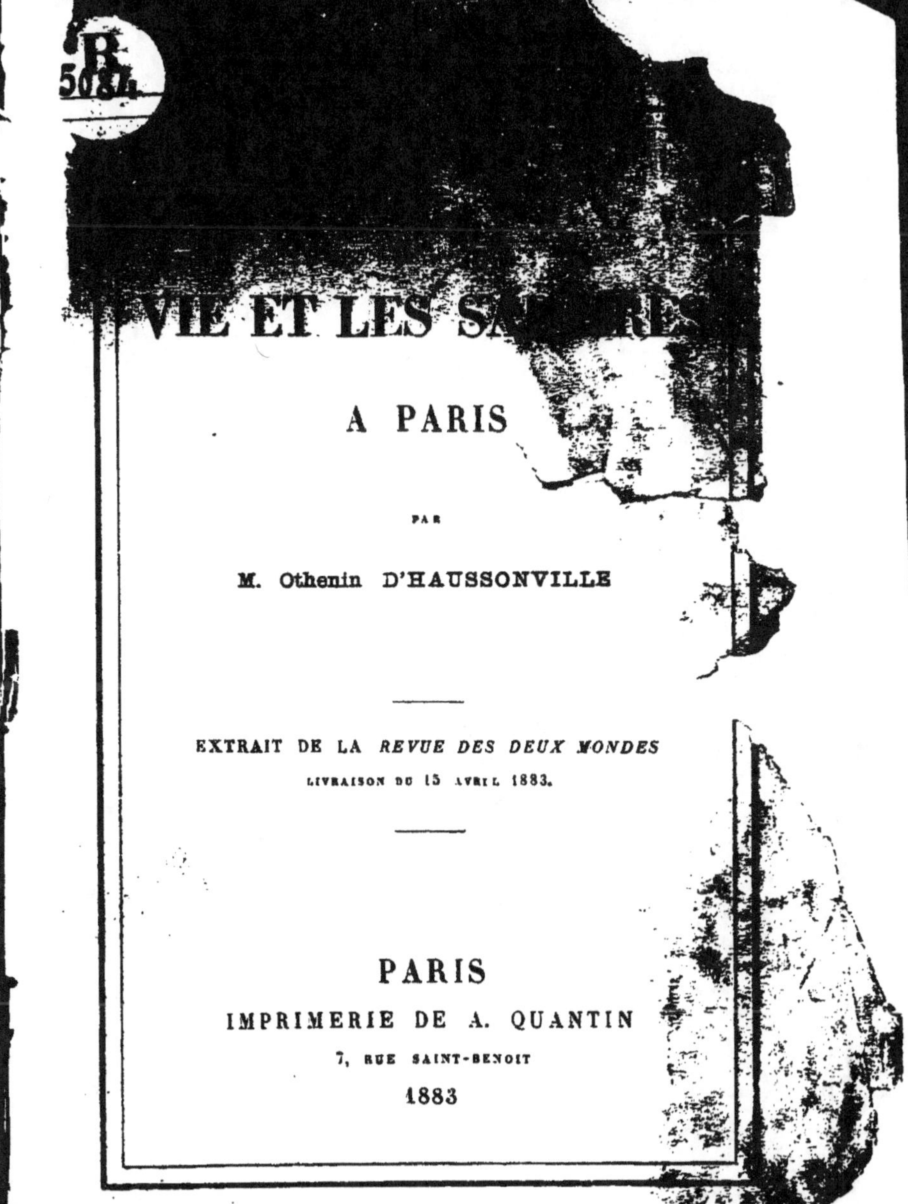

VIE ET LES SA[...]RE

A PARIS

PAR

M. Othenin D'HAUSSONVILLE

EXTRAIT DE LA *REVUE DES DEUX MONDES*

LIVRAISON DU 15 AVRIL 1883.

PARIS

IMPRIMERIE DE A. QUANTIN

7, RUE SAINT-BENOIT

1883

LA

LA

VIE ET LES SALAIRES

A PARIS

LA
VIE ET LES SALAIRES

A PARIS

PAR

M. Othenin D'HAUSSONVILLE

EXTRAIT DE LA *REVUE DES DEUX MONDES*

LIVRAISON DU 15 AVRIL 1883.

PARIS

IMPRIMERIE DE A. QUANTIN

7, RUE SAINT-BENOIT

1883

LA

VIE ET LES SALAIRES

A PARIS

———

Dans quelques paroles charmantes prononcées naguère par lui à l'inauguration d'un des asiles de nuit fondés par la Société philanthropique, M. Cherbuliez rapportait en ces termes un apologue emprunté à Calderon : « Un pauvre cheminait un jour sur une grande route, tenant à la main un paquet d'herbes qu'il avait cueillies le long des haies pour en faire son repas. Celles de ces herbes qui étaient trop sèches ou qui lui semblaient trop amères, il les jetait dédaigneusement sur son chemin. Or voici qu'ayant tourné la tête, il vit venir derrière lui un autre pauvre, encore plus pauvre que lui, qui ramassait avidement pour les manger les herbes qu'il avait rebutées. Calderon en conclut, ajoutait M. Cherbuliez, qu'on est toujours le malheureux de quelqu'un et que tel de nous ramasserait volontiers les peines de son prochain pour s'en faire des joies. »

L'ingénieuse leçon contenue dans cet apologue est de celles qu'il est toujours bon pour chacun de se répéter. Il est bon de se dire que, parmi les nombreuses épreuves auxquelles l'homme est en proie, il n'en est point qui assombrisse sa vie, qui abatte son espérance et flétrisse son âme autant que le souci du pain quotidien et que toutes les angoisses, toutes les amertumes, toutes les souffrances contenues dans ce seul mot : la misère. Cependant ces considérations philosophiques n'auraient pas suffi pour me déterminer à reprendre une série d'études dont tous les lecteurs de la *Revue* (1) n'ont peut-être pas oublié les tristesses, si je ne pensais que ces études peuvent aussi avoir quelque utilité. Ce serait, en effet, une tâche assez ingrate que d'avoir constaté les conditions misérables où vit une portion de la population parisienne s'il était complètement oiseux de rechercher les causes de cette grande plaie de notre civilisation et les remèdes qu'il est possible d'y appliquer. On voudra bien remarquer que je dis les causes et non point la cause, les remèdes et non point le remède. A employer ce pluriel en place de ce singulier, il y a plus de différence et aussi plus de modestie qu'on ne croit. Je ne connais pas. en effet, d'entreprise qui soit plus ardue et, si j'osais dire toute ma pensée, plus stérile que de rechercher la cause de la misère. C'est d'ailleurs un problème abstrait auquel chacun ne peut se défendre de donner une solution qui réponde à ses conceptions théologiques ou cosmogoniques. L'un y verra une dispensation mystérieuse de la Providence répondant à des desseins secrets sur les âmes, l'autre une conséquence inéluctable des lois fatales qui gouvernent l'évolution du monde, et la controverse ne fera qu'affermir chacun dans son sentiment sans conduire à un résultat pratique. Quant à trouver un remède unique à la misère, j'avoue qu'il n'y a point de panacée qui ne m'inspire une méfiance invincible, et l'expérience du genre humain ne me paraît pas avoir été jusqu'à présent très encourageante pour les guérisseurs de société. Mais si, renonçant à poursuivre ces résultats ambitieux, on veut bien, plus modestement, se contenter d'étudier dans leur complexité les causes directes et tangibles des misères si diverses que chacun de nous a occasion de rencontrer sur sa route, causes banales, vulgaires qui se répètent chaque jour sous nos yeux, peut-être pourra-t-on trouver le moyen de combattre efficacement quelques-unes de ces causes et d'apporter un palliatif à quelques-unes de ces misères. Telle est l'humble tâche que je voudrais entreprendre en restreignant toutefois ces études, comme les précédentes, dans un cercle exclusivement parisien. Cependant je m'enhardirai peut-être chemin faisant, et lorsque l'occasion s'en présentera, à dire un mot de quelques-uns des problèmes qui sont en discussion dans les sphères supérieures de l'économie politique, et je ne m'interdirai pas de rechercher en terminant s'il y aurait, comme le croient des esprits généreux, quelque chance de voir, sinon disparaître, du moins diminuer la misère, soit par un retour à l'ancienne organisation du travail détruite par la révo-

---

(1) Voir les articles sur *la Misère à Paris* dans la *Revue* du 15 juin et du 1er octobre 1881.

lution française, soit, au contraire, par le développement des institutions modernes de mutualité et de prévoyance.

I.

Bien qu'il y ait nécessairement quelque chose de factice et d'incomplet dans toute division de ce genre, on peut distinguer cependant, à Paris comme ailleurs, cinq causes principales de la misère : l'insuffisance du gain journalier, la maladie, les infirmités, la vieillesse et l'inconduite. En effet, tout individu dont le gain journalier est suffisant et qui échappe à la maladie ou aux infirmités doit pouvoir économiser pour sa vieillesse, à moins qu'il ne dissipe son gain par inconduite. Si nous passons successivement en revue les cinq causes que je viens d'indiquer, nous ferons le tour complet de la misère parisienne, et nous trouverons dans cette excursion, à côté de beaucoup de sujets de tristesse, quelques sujets de consolation dans le spectacle des efforts qui sont faits pour y remédier.

Il est cependant une sixième cause qui, à la vérité, se confond avec la première, mais qu'il importe d'examiner à part, parce qu'il est impossible de le faire sans entrer dans des considérations d'une tout autre nature : c'est la fréquente disproportion du nombre des enfants avec les ressources du ménage. Cette question est assez délicate à traiter, et l'on risque fort, à l'entreprendre, de faire sourire ou de scandaliser; mais ce n'est peut-être pas une raison pour ne pas dire ce qu'on croit être la vérité.

Il y a tantôt quatre-vingts ans que Malthus a fait tapage dans le monde, encore assez restreint, de ceux qui s'occupaient des questions sociales et économiques en affirmant qu'une des principales causes de la misère était le développement trop rapide de la population par rapport aux moyens de subsistance, et que, s'il n'était pas porté remède à ce danger par la diminution préventive du nombre des naissances, la nature se chargerait elle-même de la besogne par voie d'élimination brutale. On a depuis lors accumulé anathèmes sur son nom et réfutations contre sa doctrine. D'un côté, on a fait porter à son honnête mémoire la responsabilité de faits dont il est absolument innocent, et on a répandu des flots d'encre ou d'éloquence pour réfuter des conseils qu'il n'a, du reste, jamais donnés. De l'autre, on s'est, et non sans succès, efforcé de démontrer que la loi posée par lui n'est pas exacte et qu'il n'est pas conforme à la réalité de mettre en opposition la progression géométrique du développement de la population (1) et la progression

(1) Pour ceux qui l'auraient oublié, je rappelle ici qu'on désigne sous le nom de progression géométrique la progression 1, 2, 4, 8, 16, 32... et sous le nom de progression arithmétique, la progression 1, 2, 3, 4, 5, 6...

arithmétique de l'accroissement des subsistances. Mais anathèmes ni réfutations n'empêchent que Malthus, en cherchant à découvrir les lois qui règlent le développement de la population, ait soulevé un problème dont la solution n'a pas encore été trouvée, et qu'en signalant la tendance de la population à s'accroître plus rapidement que les subsistances, il ait mis le doigt sur une cause incontestable de misère. Il faut, au reste, que le problème soit bien délicat et qu'il puisse se présenter sous des faces bien différentes pour que, dans ce recueil même, qui s'honore par l'entière liberté d'opinions laissée à ses rédacteurs, ce problème ait pu dans le cours de quelques mois être traité à deux reprises et résolu d'une façon contradictoire. M. Charles Richet a soulevé le premier la question dans deux études où la chaleur de l'inspiration le dispute à la précision des chiffres et il n'a pas hésité à attribuer les malheurs que la France a déjà subis, ceux qu'on peut redouter encore pour elle, à l'accroissement trop lent de sa population (1). Pour lui, le péril national est là : il n'y en a a même point d'autre. Mais voici qu'à quelques mois de distance M. Maurice Block (2) se préoccupe au contraire de la densité croissante de la population par rapport à la fécondité du sol, et, s'inquiétant de voir la France tirer déjà de l'étranger une partie de sa subsistance, il signale dans cette disproportion un autre péril national contre lequel il y aurait lieu de se prémunir, sinon dans le présent, au moins dans un avenir assez rapproché. Lequel a raison ? lequel a tort ? Il se pourrait bien faire qu'ils eussent raison et tort tous les deux, parce qu'il se placent à deux points de vue très différens : M. Richet au point de vue de la puissance militaire et commerciale de la France ; M. Maurice Block au point de vue du bien-être de ses habitans. M. Richet s'émeut de la disproportion croissante entre l'élément français et l'élément anglo-saxon à la surface du globe. Son patriotisme ne s'effraie pas seulement à la pensée du moins grand nombre de défenseurs que, dans le cas peu probable d'une collision générale, notre pays pourrait réunir sous ses drapeaux ; ce qui l'afflige, c'est la diminution de notre influence à l'étranger, l'oubli où notre langue, ce grand instrument de propagande, est en train de tomber, et il hâte de ses vœux le moment où l'excédent de sa population permettrait à la France de répandre sur le nouveau monde un flot d'émigrans égal à celui que l'Angleterre ou l'Allemagne y déversent chaque année sans s'appauvrir.

Je comprends les inquiétudes de M. Richet ; j'ajoute même qu'il est impossible d'avoir quelque peu voyagé sans les partager et sans être frappé jusqu'à la tristesse de cette décadence de l'influence fran-

(1) Voyez, dans la *Revue* du 15 avril et du 1ᵉʳ juin 1882, les études de M. Richet sur *l'Accroissement de la population française.*

(2) Voyez l'étude intitulée : *une Crise latente*, dans la *Revue* du 15 octobre 1882.

çaise à l'extérieur, de cette diminution de notre clientèle. Mais, sans être moins bon patriote que M. Richet, on peut aussi, comme M. Maurice Block, se demander quelles seraient d'abord, en France même, les conséquences de ce développement plus rapide de la population. Connaissant les habitudes sédentaires de nos races françaises, leur patience à endurer la souffrance, le goût persistant qui les rattache ou les ramène au village qui les a vues naître, il est impossible de se dissimuler qu'une seule chose pourra chasser de ses foyers cet excédent de population sur lequel on compte pour relever dans le monde la puissance de la France : c'est l'impossibilité de subsister dans leur patrie; c'est, en un mot, la misère, de même que c'est la misère qui chasse les Irlandais ou les Allemands vers les prairies de l'Amérique qu'on voudrait nous voir leur disputer. J'ai traversé, il n'y a pas bien longtemps, l'Océan avec un de ces troupeaux d'émigrans qui chaque semaine quittent souvent les larmes aux yeux les plages du vieux monde pour aller chercher une meilleure fortune sur celles du nouveau. Je les ai vus la nuit entassés dans un entrepont nauséabond, le jour essuyant l'arrosage des lames ou les rafales de la pluie, et le soir s'efforçant de secouer leur tristesse par quelques chants mélancoliques. Ce spectacle m'a inspiré une compassion profonde, et je me suis réjoui dans mon cœur de ce que parmi eux il n'y avait pas un seul Français.

Il faut, en effet, voir les choses comme elles sont et avoir le courage de les dire. Nous nous trouvons ici en présence d'une de ces antinomies dont le spectacle du monde offre de fréquens exemples : d'une contradiction entre l'intérêt général d'une nation et l'intérêt particulier de ses habitans. L'intérêt général, c'est que la population croisse rapidement : l'intérêt particulier, c'est qu'elle croisse lentement, car l'accroissement trop rapide engendre la misère, et la misère, à son tour, contribue à l'accroissement. Cela peut paraître invraisemblable et cependant cela est. M. Richet conteste, en passant, cette influence de la misère sur le développement de la population, en s'appuyant sur ce fait qu'il n'y a aucune corrélation constante entre la fécondité ou la stérilité d'un département, au point de vue des naissances, ce qu'on appelle dans une langue un peu barbare sa *natalité*, et son degré de richesse ou de pauvreté, calculé d'après le rendement de certains impôts. Ainsi le département du Nord, qui est un des plus riches de France, donne un excédent de naissances, tandis que le département des Basses-Alpes, qui est un des plus pauvres, est en même temps un des plus stériles. Mais il ne faut pas confondre un département qui est pauvre au point de vue financier avec un département où il y a beaucoup de pauvres (ce qui peut parfaitement arriver et arrive en effet dans les départemens riches). Pour ne parler que des deux départemens cités par M. Richet, il faudrait savoir si, dans le département des Basses-Alpes, la propriété n'est pas ainsi divisée qu'elle assure à la grande majorité des habitans un certain degré d'aisance relative dans une contrée où la vie est à bon marché, les mœurs simples, et, d'un autre côte, si, dans le département du Nord, le grand nombre des naissances se répartit également entre la classe riche et la classe ouvrière plus ou moins misérable qui fait marcher les manufactures. Il est probable que les documens statistiques qui concernent le département du Nord sont trop sommaires pour permettre de s'en assurer ; mais il est un département ou plutôt une ville où cette vérification est possible : c'est Paris, et ceci va nous ramener précisément à ce qui a été le point de départ de cette dissertation trop longue : l'influence du grand nombre des enfans sur la misère.

L'Annuaire statistique de la ville de Paris pour 1881, publication très bien conçue et à laquelle j'aurai souvent l'occasion de puiser, contient un tableau indiquant quelle est, par arrondissement, la proportion d'enfans de un jour à cinq ans sur 10,000 habitans. Un coup d'œil jeté sur ce tableau montre que les deux arrondissemens de Paris où cette proportion est la plus élevée sont le XIX⁰ (La Villette) et le XIII⁰ (Les Gobelins), le premier avec 990 et le second avec 957 enfans sur 10,000 habitans. Or, si nous nous reportons au tableau des arrondissemens de Paris classés d'après le relevé proportionnel de la population indigente, nous voyons que, sur cette liste, le XIX⁰ arrondissement occupe le troisième rang, avec 1 indigent sur 9 habitans, et que le XIII⁰ arrondissement occupe le premier rang, avec 1 indigent sur 6 habitans. Le rapprochement est péremptoire. Il le serait, suivant toute probabilité, davantage encore et le plus pauvre des arrondissemens de Paris, le XIII⁰, serait vraisemblablement celui qui compterait le plus d'enfans si sa population ne comprenait les 3,000 vieilles femmes ou folles enfermées à la Salpêtrière, qui comptent dans le recensement des habitans, mais ne sauraient compter au point de vue des naissances.

Faisons maintenant la contre-épreuve. Quels sont les arrondissemens de Paris qui comptent la moindre proportion d'enfans ? Ce sont le VIII⁰ arrondissement, celui des Champs-Élysées, et le IX⁰, celui de l'Opéra, le premier avec 397, le second avec 452 enfans de un jour à cinq ans sur 10,000 habitans. Or ces deux arrondissemens sont précisément les deux circonscriptions de Paris où l'on rencontre le moins d'indigens. La démonstration est donc irréfragable, et de quelque côté qu'on examine la question, on arrive au même résultat.

Les chiffres que je viens de donner comprennent tous les enfans, légitimes ou illégitimes. Prenons maintenant le chiffre des naissances par mariage, car c'est principalement par la fécondité des unions légitimes que s'accroît la population. En France, la moyenne annuelle des naissances par 1,000 femmes mariées est de 175 enfans. (Notons en passant qu'en Prusse elle est de 275, ce qui, sous certains rapports, donne raison aux craintes de M. Richet.) A Paris, la moyenne n'est que de 123, d'après le relevé des naissances de 1880. Mais cette moyenne s'établit par de singulières différences entre les arrondissemens. C'est ainsi que les chiffres de naissances les plus faibles sont fournis par les arrondissemens les plus riches : le IXe arrondissement donnant seulement 86 naissances par 1,000 femmes mariées, et le VIIIe seulement 73 (1). En revanche, le chiffre de naissances le plus élevé est donné par l'arrondissement le plus pauvre, le XIIIe : 180 naissances par 1,000 femmes mariées. Viennent ensuite le XIXe et le XVe (Vaugirard) avec 164 naissances, le XXe (Belleville) avec 160. Ici, la proportionnalité est en quelque sorte rigoureuse, et on s'en convainc davantage encore lorsqu'on entre dans le détail des naissances par quartier. C'est ainsi que le VIIe arrondissement (faubourg Saint-Germain) donnerait une moyenne de naissances qui ne dépasserait pas celle du VIIIe et du IXe, s'il n'y avait un quartier où le chiffre des naissances est le double de ce qu'il est dans chacun des trois autres : c'est le Gros-Caillou, le seul quartier où il y ait beaucoup de misère. Ajoutons que cette proportion constante du simple au double n'est pas la proportion véritable. Il n'y a pas, en effet, de circonscriptions riches où il n'y ait des indigens, et il n'y a pas de circonscriptions indigentes où il n'y ait des gens riches ou du moins aisés. Mais s'il était possible de dresser une statistique strictement proportionnelle du nombre d'enfans qu'on rencontre dans les ménages aisés ou riches et de ceux qu'on rencontre dans les ménages indigens, on verrait, j'en suis persuadé, que c'est une proportion du simple au triple dont il faudrait parler.

A supposer même que les renseignemens fournis par la statistique n'eussent pas une force de démonstration aussi grande, l'observation seule, dont il ne faut pas toujours dédaigner le témoignage, suffirait pour affirmer cette extraordinaire fécondité de l'indigence. Pour peu que la charité, ou la curiosité simple, conduise quelquefois votre promenade dans un de ces quartiers excentriques où la misère s'étale, ou vous pousse à gravir, dans le centre de Paris, les escaliers des maisons à six étages où elle se cache, il est impossible que vous ne soyez pas frappé du grand nombre des enfans; on dirait

(1) Le chiffre des naissances est celui de l'année 1880, et celui des femmes mariées dans chaque arrondissement a été donné par le recensement de 1876. La population s'étant accrue depuis, ces chiffres ne sont pas absolument exacts au point de vue de la proportionnalité : mais au point de vue de la comparaison entre les arrondissemens, ils n'en présentent pas moins d'intérêt. L'Annuaire qui doit contenir les résultats du dernier dénombrement n'a pas encore été publié.

qu'ils sortent de terre sous vos pas. Ils grouillent partout : dans les rues, dans les cours, sur le palier des escaliers, abandonnés, malpropres, à demi sauvages, bien que le grand nombre des écoles commence heureusement à en recueillir et à en civiliser quelques-uns. De ces promenades expérimentales deux souvenirs me sont restés particulièrement présens. J'ai été conduit un jour (c'était sur la paroisse Saint-Séverin) dans l'intérieur d'un maçon. Le père était parti à l'ouvrage dès l'aube, et la mère était seule au logis, qui se composait d'une chambre et d'un petit cabinet. Là couchaient, dans un seul lit, la sœur et le frère aînés, celui-ci déjà assez grand garçon pour aider son père dans son ouvrage; sur la table était étendu un petit matelas qui servait pour deux autres enfans; sous la table deux autres couchaient également, un septième dans un berceau d'osier, un huitième dans le lit du père et de la mère. Il était trois heures de l'après-midi; aucun lit n'était fait et le matelas qui était sur la table avait été simplement repoussé pour qu'on pût y placer aussi le déjeuner. Épars çà et là des vêtemens et des linges malpropres. La mère, affaissée sur elle-même, présentait l'image du découragement dans la misère. On sentait qu'elle avait renoncé à la lutte. Cependant le père faisait des journées de 5 à 6 francs.

Une autre fois, c'était chez un tailleur, dont le premier mot fut pour me dire qu'il descendait d'une très ancienne famille, et qui me montra en effet une liasse de parchemins, d'apparence au moins fort authentiques. Petit, chétif, bilieux, les cheveux roux, les cils blancs, le teint blafard, il avait eu dix-sept enfans. Je ne me souviens plus exactement combien il y en avait encore de vivans. De son état, il était repriseur de soutanes: mais ses cliens ne le payaient pas beaucoup : « Ils sont, disaient-ils, presque aussi pauvres que moi! » La mère, pauvre créature, silencieuse, exsangue, paraissait tenir peu de place dans le ménage. On me présenta successivement la fille aînée, qui était sujette à des crises nerveuses, et le dernier venu, dont les yeux étaient rongés par l'ophtalmie : une épileptique et un scrofuleux, tels étaient les rejetons de ce dernier descendant (au moins il l'affirmait) des comtes de Blois.

Ainsi, sous quelque face qu'on examine la question, qu'on l'étudie d'après les renseignemens de la statistique ou d'après les données de l'expérience, on arrive à une même conclusion, que la démographie, puisqu'elle prend aujourd'hui allure de science, devrait bien ériger en axiome: C'est l'aisance qui est stérile, c'est la misère qui est féconde. Qu'il faille s'affliger de cette stérilité, j'en suis tout à fait d'avis. Mais faut-il également se réjouir de cette fécondité? J'avoue n'en avoir pas le courage, pour en avoir vu trop souvent de mes yeux les déplorables conséquences. J'y serais cependant plus disposé si, comme le croient certaines personnes, ces familles nombreuses étaient celles où le mari se montrait aussi le plus fidèle, la mère la plus soigneuse, les enfans les plus obéissans, si, en un mot, leurs pauvres intérieurs présentaient le spectacle édifiant de l'union, du dévoûment, du respect et de toutes les vertus patriarcales. Mais dans la réalité en est-il ainsi? Hélas ! pour le prétendre, il faut n'avoir jamais entendu ces réponses cyniques et ces dictons grossiers, qui, dans la bouche des pauvres, servent d'excuse à leur imprévoyance. Il faut n'avoir guère réfléchi aux conséquences inévitables de ces entassemens et de ces promiscuités, qui donnent souvent aux garçons et aux filles les premiers enseignemens et les premières habitudes de la débauche. Il faut n'avoir point causé avec les maris et pas davantage avec les femmes. Pour moi, je le dirai au risque d'exciter quelque scandale : quand, un soir de paie, un homme rentre chez lui en sortant du cabaret et soumet à son caprice d'un moment une malheureuse créature épuisée, il m'est impossible de voir dans sa conduite un effet de ce que les âmes naïves appellent, dans une langue mystique tout à fait déplacée, la sublime confiance du pauvre dans la Providence. C'est tout simplement la satisfaction égoïste d'un instinct assez brutal de la nature humaine. Trop heureuse la mère si, au cinquième ou sixième enfant, son mari ne l'abandonne pas, la laissant dans l'alternative de mourir de faim ou, comme on dit dans la langue populaire, « de se mettre avec un autre homme. » Ces cas d'abandon d'une mère chargée d'enfans par un père qui veut se soustraire aux conséquences de son imprévoyance sont, en effet, assez fréquens à Paris, et, pour ma très petite part d'observation, il m'est arrivé souvent d'en rencontrer des exemples. Mais, laissant même de côté ces cas exceptionnels, il est impossible à qui sait comment les choses se passent de parler avec édification de ces nombreuses familles qu'on rencontre si souvent dans les maisons de pauvres, et il faut reconnaître que s'il l'avait appliquée seulement aux classes indigentes, il y aurait une certaine part de vérité dans cette phrase de John Stuart Mill : « On ne peut guère espérer que la moralité fasse des progrès tant qu'on ne considérera pas les familles nombreuses avec le même mépris que l'ivresse ou tout autre excès corporel. » Quoi qu'on puisse penser de ce paradoxe, il y a là en fait une cause incontestable de misère, et, dans un travail qui cherche à être complet, il n'était pas possible de passer cette cause sous silence. Nous allons examiner maintenant l'influence de celle que nous avions citée en premier lieu : l'insuffisance du gain journalier, c'est-à-dire, dans la grande majorité des cas, du salaire.

II.

Il est peu de questions économiques qui donnent lieu de nos jours à d'aussi ardentes discussions que celle des salaires, et la vivacité de ces discussions se comprend sans peine. Il ne s'agit pas là, en effet, d'un de ces problèmes théoriques dont les intelligences cultivées sont seules à saisir la portée, mais d'un intérêt vital et quotidien pour une nombreuse partie de la société. Pendant long-temps, dit M. Paul Leroy-Beaulieu dans son bel *Essai sur la répar-tition des richesses*, la doctrine classique en économie politique a été le développement de cet axiome posé par Turgot : « En tout genre de travail, il doit arriver et il arrive, en effet, que le salaire de l'ouvrier se borne à ce qui lui est nécessaire pour se procurer sa subsistance. » Cet axiome avait reçu, directement ou indirec-tement, explicitement ou implicitement, l'adhésion plus ou moins réfléchie des plus grands docteurs en économie politique, Adam Smith, Ricardo, John Stuart Mill. Il dormait cependant d'un sommeil assez paisible dans les œuvres peu lues de Turgot lorsqu'il a été réveillé et rajeuni par le célèbre socialiste allemand Lasalle. En répétant à satiété, dans ses discours et ses manifestes, « que la concurrence entre les ouvriers borne le salaire de l'ouvrier à sa subsistance, » Lasalle n'a pas fait autre chose que de rééditer le vieil axiome de Turgot; mais en donnant à cette tendance le nom expressif de « loi d'airain, » il a trouvé une de ces formules reten-tissantes et pittoresques qui font fortune à peu de frais. La « cruelle loi d'airain » a joué depuis lors un grand rôle dans les discussions entre économistes d'outre-Rhin. En France même, elle s'est impo-sée à beaucoup d'esprits, qui se sont inclinés devant sa fatalité. Cependant cette prétendue loi a rencontré aussi des contradicteurs déterminés, entre autres M. Paul Leroy-Beaulieu lui-même, dont l'autorité peut dès à présent être mise en balance avec celle des grands noms que j'ai cités. Avec beaucoup de vigueur, M. Paul Leroy-Beaulieu a soutenu que la loi d'airain n'existait pas et qu'il fallait y voir tout simplement une invention de ceux qui l'ont pro-clamée. Suivant lui, ce que Turgot et les économistes anglais ont appelé à tort le *salaire naturel*, c'est-à-dire le salaire limité au coût de la vie, est tout simplement le salaire *minimum*, et le salaire moyen ou habituel s'élèverait notablement au-dessus. La contra-diction est, on le voit, aussi formelle que possible et, entre auto-rités d'un si grand poids, les ignorans ont le droit de se trouver quelque peu embarrassés.

Si je rappelle le souvenir de ces controverses dans un travail aussi dénué de toutes prétentions théoriques, c'est que ce souvenir servira peut-être à relever les détails assez terre à terre dans lesquels je vais être obligé d'entrer sur les salaires à Paris. Il ne sera pas, en effet, sans intérêt de rechercher si ces renseignemens viennent confirmer la doctrine du *salaire naturel* ou celle du *salaire minimum*, si le salaire habituel se borne véritablement à la subsistance ou s'il s'élève notablement au-dessus. Mais, pour résoudre cette question, il en est une première qu'il faut d'abord examiner. Quel est à Paris le minimum nécessaire à la subsistance? Quel est, en d'autres termes, le coût de la vie? Question complexe et délicate entre toutes, car le mot vivre peut être entendu de bien des façons. Si on l'entend simplement au sens opposé à celui de mourir, quelques sous par jour peuvent suffire pour cela. Encore ne les trouve pas toujours qui veut. Il n'y a pas bien longtemps, les habitans d'une maison située dans le XVe arrondissement firent appeler le commissaire de police pour constater un décès. Dans une mansarde, sur un grabat, était étendue sans vie une jeune femme tout habillée; à côté d'elle, un enfant à la mamelle respirait encore. Un médecin, que le commissaire fit appeler, déclara que la femme était morte d'inanition. Lorsqu'on voulut la déshabiller, on s'aperçut que, sous sa robe, elle n'avait pas de chemise. Le fait s'est passé en plein Paris, en l'an de grâce 1883. On en a parlé, ou plutôt on n'en a pas parlé pendant un jour, et puis tout a été dit.

Pareils accidens sont rares, à tout prendre, dans une société civilisée. Mais, à côté de la faim qui fait mourir, il y a ce que Fourier appelait éloquemment la *faim lente*, « cette faim de tous les instans, ajoutait Proudhon, de toute l'année, de toute la vie, faim qui ne tue pas en un jour, mais qui se compose de toutes les privations et de tous les regrets, qui sans cesse mine le corps, délabre l'esprit, démoralise la conscience, abâtardit les races, engendre toutes les maladies et tous les vices, l'ivrognerie entre autres, et l'envie, le dégoût du travail et de l'épargne, la bassesse d'âme, l'indélicatesse de conscience, la grossièreté des mœurs, la paresse, la gueuserie, la prostitution et le vol. » Cette faim lente est assurément rendue plus aiguë chez l'ouvrier parisien que chez tout autre par la comparaison avec les jouissances qui s'étalent sous ses yeux, et telles conditions d'existence qui lui paraîtraient insupportables seront acceptées presque avec reconnaissance par le terrassier des Basses-Alpes. Aussi j'espère qu'on ne me taxera pas d'une philanthropie exagérée si je souhaite pour lui un salaire qui le mette également à l'abri de cette faim et si je comprends dans ces mots : le coût de la vie, certaines dépenses de nature à lui assurer un minimum de bien-être.

Même ainsi entendu, le coût de la vie pour l'ouvrier et l'ouvrière de Paris est assez difficile à fixer, et cela faute de documens. A Mulhouse, la Société industrielle publie tous les dix ans le résultat d'une enquête entreprise par elle sur la situation matérielle et morale des ouvriers de la ville, sur leurs salaires et leurs dépenses. A Paris, rien de semblable. Les monographies publiées dans *les Ouvriers européens* et dans *les Ouvriers des deux mondes*, suivant la méthode si ingénieuse de M. Le Play, ne peuvent, malgré les intéressans renseignemens qu'elles contiennent, tenir lieu d'une semblable enquête, car elles sont malheureusement en trop petit nombre, et beaucoup de date trop ancienne (1). A cette insuffisance je m'efforcerai de pourvoir à l'aide des quelques indications que j'ai pu recueillir moi-même et que je classerai dans l'ordre très judicieux adopté par la Société mulhousienne dans sa dernière enquête décennale : dépenses relatives au logement, à la nourriture, au vêtement, et enfin dépenses diverses.

Depuis qu'il y a deux ans j'ai signalé (non pas le premier assurément) les conditions déplorables où est logée une grande partie de la population parisienne, la question des loyers n'a cessé de figurer dans les préoccupations de beaucoup d'esprits. Elle a été discutée au point de vue hygiénique dans les réunions de l'Académie de médecine, et au point de vue social dans les séances de l'Académie des sciences morales. Elle a fourni le thème d'intéressantes conférences aux économistes qui espèrent résoudre le problème par la création d'habitations économiques, et aussi de déclamations virulentes de la part des orateurs de réunions publiques, qui n'ont pas perdu cette occasion d'attaquer l'infâme capital, sans vouloir se rendre compte que, dans cette augmentation du chiffre des loyers, l'accroissement constant du prix de la main-d'œuvre des ouvriers du bâtiment entrait peut-être bien pour quelque chose. Une commission nommée par le conseil municipal délibère actuellement sur la question, et M. le président du conseil a promis qu'à la rentrée des chambres, il déposerait un projet de loi contenant non pas des promesses, mais des solutions pratiques « dignes de la France et de la république. » J'attends le résultat de ces délibérations et l'exécution de ces promesses avec plus de curiosité que d'espérance au point de vue du soulagement de la véritable indigence. Non point qu'il n'y ait rien à faire pour procurer à certaines catégories d'ouvriers des logemens meilleurs et à meilleur compte. On a raison de soutenir que des sociétés qui voudront s'adonner aux constructions économiques et renonceront à tirer plus de 4 pour 100 de leur capital pourront, dans certains quartiers de Paris, mettre à la disposition des ouvriers, au prix de 250 ou 300 francs par an, des loge-

---

(1) M. Urbain Guérin a cependant fait paraître tout récemment une monographie intéressante du cordonnier de Malakof, et M. Demolins une monographie du chiffonnier de Paris. Ces deux monographies seront insérées dans la suite des *Ouvriers des deux mondes*.

mens qui actuellement vaudraient plus de 500 à 600 fr. Mais comme cette somme de 250 francs dépasse de beaucoup celle que les indigens mettent habituellement à leur loyer (sur 46,815 ménages inscrits sur les listes des bureaux de bienfaisance, 32,120 paient un loyer au-dessous de 200 francs), je ne vois pas trop en quoi la création de ces sociétés leur viendra en aide. De ces constructions nouvelles, l'unique résultat (qui n'est point pour cela à dédaigner) sera de procurer des logemens plus agréables aux ouvriers jouissant déjà d'une certaine aisance. Quant aux indigens proprement dits, la meilleure manière de leur venir en aide sera toujours l'institution de ces humbles caisses de loyer, comme il en existe déjà plusieurs dans Paris, qui rendent à l'indigent le service d'encaisser pour lui, semaine par semaine, l'argent qu'il peut mettre en réserve pour son loyer et qui doublent sa mise au moment du terme, car ces modestes institutions ont l'avantage de l'accoutumer à la prévoyance et de venir en aide à l'insuffisance de ses ressources. Mais, sans entrer dans la discussion de ces questions difficiles et en attendant qu'on trouve mieux, voyons quel est l'état présent des choses, d'autant qu'en dépit des commissions et des projets de loi, cet état pourra peut-être durer longtemps encore.

Quel est aujourd'hui le minimum du loyer que doit payer un individu isolé ou une famille pour ne pas vivre dans un taudis malsain? Ce chiffre varie sans doute suivant les quartiers de Paris, mais, en prenant une moyenne, on peut l'établir ainsi : pour une seule chambre, de 100 à 150 francs; pour une chambre et un cabinet pouvant fournir un logement décent à un ménage avec un ou deux jeunes enfans, de 150 à 200 francs; pour un appartement de 2 pièces avec une cuisine, de 200 à 250 francs. Ne perdons pas de vue que, pour avoir droit à occuper un appartement particulier, il faut posséder un petit mobilier, ce qui suppose une mise de fonds. Quant à ceux qui, faute d'avoir pu acquérir ce mobilier ou pour avoir été obligés de le vendre, en sont réduits à se loger en garni, c'est 200, 300, 400 francs même qu'il leur faut payer, suivant qu'ils se contentent d'un lit dans une chambrée ou qu'ils s'installent en famille dans un cabinet. Mais, laissant de côté ceux qui sont à leur début (car beaucoup de jeunes ouvriers arrivant à Paris commencent par coucher en garni) et ceux qui sont déjà sur le penchant de leur ruine, il faut considérer les chiffres que je viens de donner comme des minima, car bien des familles paient 300 francs et au-delà des appartemens qui certes ne feraient envie à personne. Le prix des appartemens est d'autant moins élevé que le quartier où ils sont situés est plus éloigné du centre de Paris. Mais ceux qui prennent ainsi leur parti de s'établir dans les quartiers excentriques dépensent souvent en frais de tramways, d'omnibus, ou même tout simplement de chaussures, l'économie qu'ils réalisent sur leur loyer, sans parler de l'obligation pour eux de manger au dehors. Il faudra donc y regarder à deux fois avant de les éloigner encore, mais pour le moment ces chiffres ne seront contestés, je crois, par aucun de ceux qui contrôlent par leurs investigations personnelles les résultats de la statistique.

Ce n'est pas au reste que les données de la statistique contredisent ces renseignemens : au contraire. D'un intéressant travail publié, en 1880, par M. Toussaint Loua, dans le journal de la Société statistique de Paris, il résulte que, sur 684.952 logemens existant dans Paris et servant en moyenne à 3 habitans, 468,641, soit plus des deux tiers, étaient d'une valeur inférieure à 300 francs. Quant au loyer moyen par tête, la statistique officielle l'évaluait en 1876 à 167 francs, mais comme les évaluations officielles des loyers sont toujours un peu au-dessous de la réalité, M. Paul Leroy-Beaulieu n'hésite pas à l'évaluer à 190 francs, chiffre strictement intermédiaire (ainsi que cela doit être pour une moyenne) entre les 150 francs de loyer payé par le célibataire et les 250 francs payés par celui qui est chargé de famille. Ce chiffre moyen s'élevait en 1817 à 90 francs, à 110 francs en 1839, à 150 en 1872. Cela revient à dire que chacun depuis dix ans paie pour son loyer entre 20 et 25 pour 100 de plus qu'il ne payait autrefois, et c'est là un fait qu'il ne faut pas perdre de vue lorsqu'on parle de la hausse des salaires. Passons maintenant à la question de l'alimentation.

Dans les réunions où les ouvriers discutent les intérêts de leur profession, on les entend souvent répéter que les objets nécessaires à l'alimentation ont doublé de prix depuis dix ans, et ils s'appuient sur cette hausse pour justifier leurs exigences en matière de salaires. Il y a dans cette affirmation une exagération manifeste. Certaines denrées ont haussé, il est vrai, mais d'autres sont demeurées au même prix, et d'autres ont même une certaine tendance à la baisse. Nous n'arriverons a nous rendre compte de ces variations qu'en entrant dans quelques détails assez fastidieux : mais lorsqu'on veut pénétrer dans l'intimité de la vie populaire, il ne faut pas se laisser rebuter par un peu de vulgarité. Commençons par le prix du pain.

D'après la dernière enquête faite par la Société mulhousienne, dont je parlais tout à l'heure, dans 16 familles d'ouvriers (suivant le système excellent en cela des monographies), le pain entrerait pour une proportion de 33 pour 100 dans la nourriture de l'ouvrier. A Paris, cette proportion pourrait bien être un peu exagérée, en raison de la quantité considérable de viande et d'autres denrées qui entrent dans la nourriture populaire. La moyenne de la consommation quotidienne par tête d'habitant atteint à peine 430 grammes ; en province et dans les campagnes surtout, elle est très supérieure.

Notons en passant que le pain consommé à Paris, même dans les classes les plus humbles, ne ressemble nullement à celui dont font usage nos ménages de paysans même aisés ; c'est toujours du pain blanc de première qualité. Le pain bis qui, il y a vingt ans, figurait encore pour 2 pour 100 dans la fabrication parisienne, en a aujourd'hui complètement disparu, grâce en partie peut-être à la mauvaise volonté des boulangers, auxquels la fabrication de ce pain donne autant de peine et procure moins de bénéfice (1). Quant au prix du pain de première qualité, si l'on se reporte à une période assez éloignée en arrière, il a légèrement haussé. Pendant la première moitié du siècle, la moyenne du prix de vente du kilogramme a été de 0 fr. 34. Elle est aujourd'hui d'environ 0 fr. 43. Cette hausse par elle-même ne pourrait pas être qualifiée de considérable ; mais elle a droit de surprendre lorsqu'on la compare à l'abaissement du prix du blé, abaissement qui devrait profiter, ce semble, aux consommateurs de pain. Il n'en a rien été, et la liberté de la boulangerie n'a pas donné sur ce point les résultats qu'on était en droit d'en attendre. Les frais exagérés causés, soit par la cherté des procédés de fabrication, soit par la multiplication trop grande du nombre de boulangeries, ont absorbé cette différence, et le prix du kilogramme de pain qui, au temps de la taxe, était toujours inférieur au prix du kilogramme de farine, se tient aujourd'hui légèrement au-dessus. Mais cette hausse, somme toute assez peu sensible, du prix du pain est compensée par un avantage, celui de sa fixité : si le pain en moyenne est un peu plus cher aujourd'hui qu'il y a 30 ou 40 ans, en revanche, on ne le voit plus comme autrefois doubler d'une année à l'autre, et passer d'un bond de 0 fr. 30 à 0 fr. 60. Aujourd'hui le prix du pain est presque une *constante* (comme on dit en statistique) dans la dépense annuelle d'un ménage, et par là bien des angoisses, bien des émotions, bien des causes de troubles populaires ont été supprimées. Ce n'est pas un des moindres avantages de la libre importation des blés étrangers que d'avoir ainsi fait disparaître la terrible question du prix du pain, et cet avantage vaut à lui seul tous les inconveniens que cette libre importation entraîne, sans qu'il faille cependant renoncer pour cela à en attendre des avantages plus sérieux encore, ni cesser de réclamer de la boulangerie parisienne un abaissement du prix du pain en partie proportionnel à l'abaissement du blé.

Si la consommation moyenne du pain tend à diminuer dans Paris, il n'en est pas de même de la consommation de la viande, qui, au contraire, a augmenté considérablement depuis dix ans. En 1872, Paris a consommé 2,266,996 têtes de bétail de toute nature, bœufs,

____

1) Ces renseignemens et ceux qui vont suivre sont empruntés à un très intéressant travail de M. Armengaud sur la meunerie et la boulangerie.

veaux, moutons et porcs entrés aux marchés de La Villette. En 1880, la consommation s'est élevée à 2,965,220, soit une augmentation de près de 700,000 têtes de bétail. A cette consommation il faut encore ajouter la vente à la criée aux Halles centrales, qui, de 18,150,660 kilog. en 1872, a passé à 29,643,945 kilog. en 1880. A cette augmentation considérable de la viande consommée correspond, il est vrai, un accroissement assez notable de la population, mais, tout compte fait, il n'est pas douteux que la consommation de la viande n'ait augmenté individuellement. Notons en passant que la France est loin de fournir à elle seule à la consommation parisienne, et que, sur ces 2,965,220 têtes de bétail, il y en a 1,119,362, dont 1,089,486 moutons, venant de l'étranger. A supposer que l'accès des marchés français fût fermé au bétail étranger, la France serait-elle en état de subvenir au déficit en ce qui concerne la seule ville de Paris? Cela est fort douteux, et il faut espérer qu'on ne découvrira pas un jour que ces moutons sont infectés de quelque maladie pour en interdire l'entrée, comme on a fait, sous couleur de trichine, pour les lards d'Amérique, au grand détriment des classes populaires.

Cette augmentation de la consommation a-t-elle provoqué une hausse du prix de la viande? Il n'en est rien. Il y aurait même une tendance à la baisse si l'on ne considérait que les prix de la vente en gros, qui sont dans une certaine mesure les régulateurs du marché (1). Mais, d'autre part, il est certaines denrées qui ont leur part dans la consommation populaire et qui ont assez sensiblement haussé : le beurre, les œufs, le fromage (2). Je ne parle pas de la volaille, qui a tout simplement doublé, car la volaille est un aliment de luxe, mais il ne faudrait pas croire pour cela que l'ouvrier n'en fasse pas usage. L'ouvrier parisien est un gourmet auquel la nourriture du paysan de nos campagnes paraîtrait trop grossière et qui ne se refuse pas le luxe de table. Je n'en citerai pour preuve qu'un petit fait dont tous ceux qui ont l'œil un peu observateur ont dû être frappés comme moi. Autrefois les huîtres étaient un hors-d'œuvre qui ne figurait que sur la table des gens aisés. Aujourd'hui on rencontre des marchandes d'huîtres à la porte des cabaretiers dans les quartiers les plus populeux. On comprendra cependant qu'en traitant de l'alimentation populaire, nous ne nous inquiétions pas du prix des huîtres, qui, du reste, va diminuant.

(1) Le prix du kilogramme do bœuf vendu à la criée aux Halles centrales est descendu de 1 fr. 43 en 1872 à 1 fr. 35 en 1880; le prix du kilogramme de veau de 1 fr. 56 à 1 fr. 48; le prix du kilogramme de mouton de 1 fr. 58 à 1 fr. 41. Le porc seul a légèrement haussé de 1 fr. 43 à 1 fr. 50.

(2) Les beurres ont passé, prenant toujours les prix moyens de ventes à la criée aux Halles, de 2 fr. 69 le kilogr. en 1872 à 2 fr. 97 en 1880; les œufs de 78 fr. 63 le mille à 83 fr.; les fromages de 0 fr. 72 à 0 fr. 95 le kilogramme.

Il est encore une denrée que l'ouvrier des campagnes est habitué à considérer comme une denrée de luxe et que l'ouvrier parisien considère comme une denrée de première nécessité : je veux parler du vin. L'ouvrier parisien est accoutumé à boire du vin comme le paysan normand à boire du cidre, et s'en passer lui paraîtrait une privation insupportable. Le prix du vin avait légèrement baissé avant l'invasion du phylloxera : si depuis il n'a pas aussi sensiblement haussé qu'on pouvait s'y attendre (je parle, bien entendu, des vins communs), cela tient à l'importation de plus en plus considérable des gros vins étrangers et aussi aux mélanges fabuleux qu'on fait boire sous le nom de vin aux consommateurs parisiens, mélanges dont les expériences du laboratoire municipal sont en train de nous révéler la nature. Mais cependant la hausse est certaine. Il en est de même de certaines denrées d'épicerie, café, sucre, etc.., par suite des impôts et par suite aussi de la consommation plus grande. En résumé, et sans entrer dans des détails qui finiraient par devenir fatigans, on peut dire que, s'il y a eu depuis dix ans une hausse sur les objets d'alimentation, cette hausse ne porte pas sur les denrées de première nécessité, pain et viande, mais plutôt sur celles ayant un certain caractère de luxe, œufs, beurre (qui peut être remplacé par le lard), sucre, épicerie, vin, etc... En tout cas, cette hausse n'est pas aussi exagérée que les intéressés le prétendent et ne saurait se comparer à la hausse des loyers.

Serrons maintenant la question d'un peu plus près et cherchons à déterminer quelle est, à Paris, la dépense quotidienne nécessaire à la nourriture. A cette question la réponse est assurément très variable suivant l'âge, le sexe, les occupations même. En prenant un homme dans la force de l'âge, elle variera encore suivant que celui-ci mangera dans son ménage ou en dehors de chez lui. Cette nécessité de prendre une partie de leurs repas au cabaret n'est pas un des moindres inconvéniens de la hausse des loyers qui a forcé les ouvriers à se loger en grand nombre dans des quartiers excentriques et loin de leur ouvrage. C'est là une augmentation de dépenses qui compense souvent l'économie réalisée sur le loyer, sans compter tous les inconvéniens qui résultent pour eux, au point de vue moral, de cette fréquentation obligatoire en quelque sorte du cabaret. Paris cependant offre beaucoup de ressources à ceux qui veulent vivre économiquement et sobrement en dehors du foyer domestique. L'institution des fourneaux économiques, qui date du commencement du siècle, mais qui s'est beaucoup développée depuis quelques années, rend sous ce rapport à la classe laborieuse des services peu connus. Ces fourneaux ne desservent pas seulement, comme on le croit assez généralement, la clientèle indigente qui s'y présente munie de bons distribués par la charité ; ils fournissent aussi des portions contre argent. C'est ainsi que la Société philanthropique a vendu dans son dernier exercice 1,840,733 portions de soupe, bœuf, saucisses, légumes, fromage, chocolat, etc. Dans les quartiers populeux, il est fréquent de voir dans ces fourneaux, installés côte à côte avec des mendians en guenilles, des ouvriers décens, généralement des maçons, qui viennent y prendre hâtivement un repas dont le coût ne leur revient pas à plus de 8 à 10 sous. Il existe à Paris, rue de la Verrerie, un etablissement assez curieux, fondé en partie dans une intention philanthropique, où, moyennant 13 sous, on peut faire un excellent repas, vin compris. Un établissement analogue vient d'être ouvert rue Rochechouart. Dans un autre ordre d'idées, plusieurs grands établissemens industriels aiment mieux nourrir eux-mêmes leurs employés ou ouvriers au prix de revient que de les voir quitter l'atelier pendant une heure pour aller au cabaret. Ainsi fait, entre autres, la Compagnie d'Orléans, qui, dans les vastes réfectoires construits par elle, nourrit par jour 1,300 ouvriers auxquels elle peut donner pour 13 ou 14 sous, vin compris, un repas très substantiel, en prélevant même sur le prix des denrées fournies par elle une légère majoration pour amortir le capital engagé.

Néanmoins, et malgre ces ressources, il faut reconnaître que le plus grand nombre des ouvriers qui ne peuvent prendre leurs repas en famille sont condamnés à la gargote, et c'est là ce qui explique cette quantité fabuleuse de traiteurs qu'on rencontre à chaque pas dans les quartiers ouvriers. Dans une intéressante étude sur l'alimentation populaire, M. Antonin Rondelet a très bien décrit ces séductions du traiteur, l'irrésistible : « Que vous servirai-je? » la séduction d'une *douzaine bien fraîche*; la fausse honte de refuser une bouteille de *cacheté*, toutes ces mille considérations de gourmandise, d'amour-propre, de respect humain qui entraînent l'ouvrier à une dépense supérieure à ses moyens pour égaler celle d'un camarade mieux payé. Mais, laissant de côté ces mesquineries, j'ai eu la curiosité de me faire donner le menu quotidien d'un ouvrier se nourrissant bien, parce que son salaire le lui permet. Voici ce menu que je certifie parfaitement exact : pain 2 sous, vin 6 sous, soupe et portion de bœuf 9 sous, légumes 5 sous, fromage 3 sous : total 25 sous. Ajoutez à ce repas celui qu'il a fait le matin avant de partir : 5 sous, celui qu'il fera le soir en famille : 15 sous par tête, en voilà pour 45 sous. Assurément je ne prétends pas que ce soit là un minimum et qu'on ne puisse vivre à moins, mais, étant données les habitudes de nos ouvriers, ce n'est pas non plus un ordinaire excessif. On peut considérer comme vivant simplement celui qui, pour sa nourriture, ne dépense pas plus de 30 sous par jour. En résumé, et sans prétendre donner à ces chiffres un caractère de précision qu'ils ne sauraient avoir, on doit, je crois, fixer à une somme variant de 550 à 750 francs la dépense annuelle afférente à la nourriture. On peut sans doute dépenser moins, mais on peut aussi dépenser un peu plus sans être pour cela un viveur et un débauché.

La troisième dépense inévitable est celle des vêtemens. C'est peut-être le seul article de première nécessité sur lequel une baisse de prix assez sensible ait eu lieu depuis quelques années. Cette baisse de prix tient moins à l'abaissement du prix de la matière première qu'au perfectionnement des procédés de fabrication, et aussi à l'existence de ces grands magasins qui, par la diminution des frais généraux et l'extension de leur clientèle, en arrivent à pouvoir mettre des objets en vente à un bon marché vraiment fabuleux. Il n'en faudrait pas pour cela conclure que l'ouvrier, et surtout l'ouvrière de Paris, dépensent moins pour leur entretien qu'ils ne dépensaient il y a dix ans. Cette dépense peut varier pour eux de 100 à 150 fr. Mais pour cette somme ils sont mieux mis, et il est impossible de ne pas être frappé de l'aspect généralement propre et décent que présente la population parisienne, même dans les quartiers popu-leux. Cela est visible surtout les dimanches et les jours de fête. Ces jours-là, la blouse qui demeure le vêtement de travail de cer-taines professions, maçons, peintres, charretiers. disparaît presque complètement, et il n'y a guère d'ouvriers qui ne prennent tour-nure de demi-bourgeois. Les ouvrières surtout, même les plus pauvres, trouvent moyen avec un rien, avec un ruban, avec un fichu, de se donner un air propret et presque élégant. Les mora-listes rigoureux diront que cela est très fâcheux. Je veux bien le dire aussi, mais je n'en suis pas très convaincu. Je ne saurais en vouloir beaucoup à de pauvres gens, à de pauvres femmes surtout, quotidiennement froissés par les rudesses de la vie. s'ils cherchent, un certain nombre de jours par an, à ne pas se reconnaître eux-mêmes en dissimulant leur condition aux autres. Je me demande même si un peu de recherche extérieure n'est pas la condition indis-pensable d'une certaine dignité intérieure. Il existe à ce point de vue une grande différence entre les pauvres de Paris et les pauvres de Londres, et je ne crois pas qu'il faille s'en affliger.

La même observation pourrait être faite à propos des dépenses diverses. Quelques-unes de ces dépenses sont indispensables, comme celles relatives au blanchissage (environ 30 fr.), à l'éclairage (30 fr. également), au chauffage (20 fr.), qui n'ont pas sensiblement aug-menté, celles relatives à l'éclairage ayant même un peu baissé par l'emploi des huiles minérales. Les autres sont simplement utiles : ainsi serait, par exemple, la contribution annuelle à une société de secours mutuels. D'autres enfin sont superflues : tabac, rafraîchisse-mens, omnibus, menus plaisirs, cadeaux aux enfans, en un mot ce que, dans la langue populaire, on appelle le coulage, et c'est ici que le moraliste trouverait encore à redire. Mais combien n'y a-t-il pas plus d'humanité et de connaissance des hommes dans ce mot de M. Jules Simon : « Celui qui ne sait pas faire la part du coulage, celui-là est indigne de dresser le budget d'une petite bourse! » En effet, il serait plus sage à l'ouvrier de s'interdire toute dépense superflue et de mettre à la caisse d'épargne tout ce qu'il pourrait économiser ainsi ; mais je me permettrai à ce propos une observation impertinente : c'est que les moralistes qui lui donnent ce conseil le feraient avec bien plus d'autorité s'ils transformaient eux-mêmes leurs dépenses superflues en dépenses de charité.

En résumé et sans prétendre apporter dans ces évaluations une fixité qu'il est facile de leur donner en apparence, mais qui est toujours un peu trompeuse, on peut dire qu'à Paris le coût de la vie a haussé moins qu'on ne le croit, depuis dix ans, et que cette hausse, sensible sur les loyers, est moins sensible sur les denrées nécessaires à l'alimentation, nulle sur les vêtemens, assez faible sur les autres natures de dépenses. Loin que le coût de la vie ait doublé, comme on le répète parfois, il n'a guère augmenté de plus d'un quart ou même d'un cinquième. Si nous reprenons maintenant les chiffres auxquels nous sommes arrivés, nous voyons, en tenant compte des différences de sexe, d'âge, de tempérament, que la somme annuelle nécessaire pour vivre à l'abri du besoin peut varier de 850 à 1,200 francs, cette somme se décomposant ainsi :

Logement	de 100 à 150 fr.
Nourriture	de 550 à 750 »
Vêtement	de 100 à 150 »
Dépenses diverses	de 100 à 150 »
Chauffage, eclairage, blanchissage, menus plaisirs)	
	de 850 à 1,200 fr.

Sans doute, on peut vivre pour moins de 850 francs, et nous verrons tout à l'heure qu'il faut bien qu'il en soit ainsi. Mais, d'un autre côté, celui qui, dans la classe ouvrière, dépense plus de 1,200 francs pour son entretien isolé, celui-là, sans mener grasse vie, il s'en faut, ne saurait non plus être considéré comme à plaindre. En comptant dans l'année trois cents jours ouvrables (avec les dimanches et jours fériés il est impossible de compter davantage), il faut, pour arriver à ces chiffres minima, un salaire variant de 2 fr. 75 environ à 4 fr. par jour. Au-dessous de 2 fr. 75, c'est la misère ; au-dessus de 4 fr. c'est la vie assurée, toujours bien entendu pour un individu isolé, car, lorsqu'il s'agit d'un ménage, la dépense doit être augmentée d'environ moitié, et ensuite d'un tiers par tête d'enfant. Il était, je crois, nécessaire d'avoir ces chiffres arrêtés dans la pensée avant de rechercher dans quelle mesure l'insuffisance des salaires est à Paris la cause de la misère.

III.

Une nomenclature complète des professions parisiennes et des salaires afférens à ces professions ne saurait trouver place dans un travail aussi restreint que celui-ci. Ce qui d'ailleurs rendrait assez difficile de dresser cette nomenclature, c'est l'absence presque complète de documens récens. La chambre de commerce de Paris a bien fait paraître, en 1864, les résultats d'une enquête très minutieuse entreprise par elle sur les salaires; mais cette enquête n'a point été renouvelée, et les renseignemens qui sont épars dans les publications de la statistique générale ne sont ni assez circonstanciés ni assez récens pour qu'on puisse s'en contenter. Ce qui peut au reste consoler de cette rareté des documens, c'est qu'en pareille matière, lorsqu'on s'inquiète surtout de la situation des individus, il faut se méfier un peu des statistiques, et beaucoup des moyennes. Que, dans une usine, la moitié des ouvriers touche 8 francs et l'autre moitié 2 francs par jour, la statistique vous dira gravement que la moyenne des salaires dans cette usine est de 5 fr., tandis qu'en réalité les uns touchent un salaire supérieur et les autres un salaire inférieur à ce chiffre. Mieux vaut encore le procédé des recherches individuelles, qui donne des résultats moins complets mais plus sûrs. C'est celui auquel j'ai eu recours, et j'exposerai les renseignemens que j'ai pu obtenir ainsi en introduisant dans cette exposition certaines divisions nécessaires à la clarté.

Il y a d'abord une première distinction à établir entre les salaires des hommes et les salaires des femmes. Profonde est en effet la différence qui existe entre la situation des hommes et celle des femmes au point de vue de la rémunération de leur travail. Toutes les généralités qui sont exactes lorsqu'on parle de la situation des ouvriers deviennent autant de contre-vérités lorsqu'on parle des ouvrières. Nous examinerons donc séparément ce qui concerne les uns et les autres.

Commençant par les ouvriers, on peut distinguer, entre les différens métiers qu'exercent les hommes à Paris, trois natures de professions. Les unes, qui sont nécessairement en assez petit nombre, supposent non-seulement une instruction professionnelle poussée assez loin, mais un certain don artistique ou un certain développement de l'intelligence, et par suite ne nécessitent pas un grand déploiement de force physique. Telles sont, par exemple, les diverses professions de graveur, de sculpteur, de dessinateur, de peintre sur porcelaine, de ciseleur, de compositeur typographe, etc. Dans ces industries, le salaire rémunère beaucoup moins l'effort phy sique que l'habileté et l'intelligence qui constituent une sorte de monopole individuel.

Une seconde catégorie de professions suppose chez ceux qui les exercent la réunion d'une certaine éducation professionnelle plus ou moins longue à acquérir et d'une certaine vigueur physique sans laquelle l'exercice même de la profession ne saurait être entrepris. Telles sont, par exemple, les diverses professions qui se rattachent à l'industrie du bâtiment ou du meuble : maçons, charpentiers, menuisiers, ébénistes, tapissiers, ou bien encore celles qui se rattachent à l'industrie du fer : ajusteurs, forgerons, etc., et bien d'autres qu'il me serait facile de citer. Dans ces industries, le salaire rémunère à la fois l'aptitude professionnelle et l'aptitude physique.

Enfin il existe une troisième catégorie de professions qui n'exigent aucune instruction professionnelle, ou du moins une instruction professionnelle tellement simple qu'elle est à portée de tout le monde et qui supposent exclusivement l'aptitude à un effort physique plus ou moins prolongé. Tel est le cas de ceux qu'on appelle dans l'industrie parisienne les ouvriers de métiers, c'est-à-dire qui n'ayant aucune spécialité déterminée peuvent être employés indifféremment dans toutes les industries. Appartiennent également à cette catégorie : les charretiers, les palefreniers, les déchargeurs, les balayeurs et tous ceux qui sont compris dans la nombreuse catégorie des hommes de peine. Ici le salaire ne rémunère guère que l'effort physique; l'aptitude professionnelle n'y entre presque pour rien. Cette division n'est pas celle généralement adoptée dans les statistiques industrielles, mais je crois qu'elle répond à la réalité des choses et qu'elle peut être utilement suivie.

Avant d'entrer toutefois dans le détail des salaires attribués à ces différentes professions, je dois faire une observation. Parmi ces professions, quelques-unes subissent régulièrement une interruption de travail plus ou moins longue; c'est ce qu'on appelle la morte saison. Les autres assurent, au contraire, à ceux qui les exercent une occupation permanente. Mais les unes et les autres sont sujettes inévitablement aux chômages, qui sont la conséquence des crises industrielles et commerciales. Ces crises peuvent avoir plusieurs causes. Ou bien la mauvaise direction des affaires publiques, en détruisant la confiance, amène un resserrement des capitaux qui paralyse à la fois toutes les industries; ou bien la production, surexcitée par une époque de prospérité, a jeté sur le marché une quantité de produits plus grande que les besoins des consommateurs (c'est le phénomène que les Anglais appellent *over-trading*); ou bien la production étrangère, favorisée par des causes diverses, vient faire sur le marché national une concurrence heureuse aux produits du pays. Ces trois causes pourraient bien se trouver réunies dans la crise qu'en ce moment traversent quelques-unes de nos industries. Mais s'il est possible de tenir compte de la morte saison dans l'évaluation du salaire annuel, il est impossible de tenir compte de ces chômages accidentels qui peuvent frapper tantôt une industrie, tantôt une autre. Les chiffres que je vais donner supposent des industries en pleine activité. Ce sont les chiffres d'hier, ce ne sont peut-être pas toujours ceux d'aujourd'hui. Il dépend en partie de la sagesse des intéressés que ce soient ceux de demain.

Comme spécimen des professions assez peu nombreuses qui appartiennent à la première catégorie, je prendrai celles qui se rattachent à la bijouterie et à l'orfèvrerie, celles qui se rattachent à la gravure et celles qui se rattachent à l'imprimerie. Je puis certifier la parfaite exactitude des chiffres que je vais donner pour les avoir puisés moi-même à des sources très sûres.

Dans l'orfèvrerie et la bijouterie, l'apprentissage commence généralement vers quatorze ou quinze ans et dure trois ou quatre ans. Durant ce laps de temps, les apprentis ne reçoivent régulièrement aucun salaire et apprennent le métier sur le conseil des ouvriers plus âgés et sous la direction des chefs d'atelier. Au sortir de l'apprentissage, c'est-à-dire au moment où ils commencent le métier, l'orfèvre et le ciseleur gagnent 4 francs par jour, le bijoutier et le graveur gagnent 5 francs, et le sertisseur (celui qui assujettit les brillans) 6 francs. Au bout de quelques années d'exercice, par leur seule régularité dans le travail et l'expérience qu'ils acquièrent dans la profession, c'est-à-dire vers vingt-sept ou vingt-huit ans, ils arrivent à gagner : l'orfèvre 5 francs, le bijoutier et le graveur 8 francs, le ciseleur 10 francs, et le sertisseur 12 francs. Ce sont là les salaires de l'ouvrier moyen. Quant aux chefs d'atelier et aux ouvriers hors ligne, ils peuvent arriver à gagner : le bijoutier et le graveur 15 francs, le ciseleur 20 francs, et le sertisseur 30 francs par jour. Mais c'est l'exception. Dans ces industries, il n'y a pas, à proprement parler, de morte saison ; cependant le travail est moins actif pendant les quelques mois d'été.

Les ouvriers employés dans les imprimeries se divisent, au point de vue des salaires, en plusieurs catégories : les compositeurs, les metteurs en pages et les conducteurs de machines. Les compositeurs qui sont payés à l'heure, ce qu'on appelle les ouvriers travaillant *en conscience*, reçoivent un minimum de 0 fr. 65 par heure; mais, suivant leur degré d'intelligence et d'habileté, suivant aussi la nature du travail plus ou moins difficile qu'on leur donne à faire, ils peuvent gagner jusqu'à 0 fr. 80, 1 franc et même 1 fr. 10 de l'heure, ce qui fait, pour une journée de dix heures, un salaire minimum de 6 fr. 50, maximum de 11 francs. Il faut compter que le salaire le plus habituel est de 7 à 8 francs. Les compositeurs travaillant aux pièces (c'est le mode de travail le plus usité) sont payés 0 fr. 65 pour le mille de lettres. Suivant leur plus ou moins grande habileté et la nature de la *copie* qu'on leur donne à composer, ils peuvent atteindre, comme l'ouvrier travaillant *en conscience*, à un salaire de 6 à 11 francs. Il en est de même des *corrigeurs*, c'est-à-dire de ceux qui exécutent les corrections. Il s'agit ici des compositeurs employés dans les imprimeries qui travaillent pour la librairie. Les ouvriers employés à la composition des journaux sont payés 10 francs pour sept heures de travail pendant le jour et 12 francs la nuit. Ils ont de plus sur leurs compagnons travaillant pour la librairie cet avantage d'avoir leur besogne assurée toute l'année, tandis que les imprimeries qui travaillent pour la librairie, ayant moins de travaux à exécuter pendant certains mois de l'année, ne gardent pendant ces mois que leurs meilleurs ouvriers.

Au-dessus des compositeurs il y a les metteurs en pages; ceux-ci se font un salaire habituel de 10 à 12 francs, pouvant s'élever même dans certains cas jusqu'à 15 francs. Enfin il y a les conducteurs de machines ; car, dans les grandes imprimeries, les machines à vapeur ont remplacé, comme chacun sait, l'antique presse à bras. Un conducteur de machine ordinaire gagne de 8 à 10 fr. S'il est bon ouvrier, son salaire s'élève jusqu'à 12 francs. Enfin, si dans les feuilles tirées par lui se trouvent des gravures, et s'il est employé à ce qu'on appelle, en termes techniques, le découpage, cette opération lui assure un salaire supplémentaire de 5 francs, qui porte son gain journalier à 15 francs.

La gravure sur bois se paie au centimètre carré. Le prix du centimètre varie suivant l'habileté de l'artiste et aussi suivant la nature de l'œuvre. C'est ainsi que le centimètre carré de figure se paie plus cher que le centimètre carré de paysage. Le prix minimum du centimètre carré est de 0 fr. 20. Un graveur ordinaire peut arriver à se faire 8 à 9 francs par jour. S'il est habile et connaît bien son métier, il va sans difficulté jusqu'à 15 francs. S'il est doué d'une habileté exceptionnelle et s'il arrive à être connu dans sa profession, c'est 20, 25 et jusqu'à 30 francs par jour qu'il peut gagner. Mais ce sont là des cas exceptionnels, et les ouvriers qui arrivent à toucher des salaires aussi élevés sont presque des artistes. Il en faut cependant tenir compte, et l'on peut dire que dans les différentes professions qui se rattachent à la bijouterie, à l'orfèvrerie, à l'imprimerie, à la gravure, les salaires habituels varient de 7 à 10 francs, les salaires élevés de 10 à 15 francs et les salaires exceptionnels de 15 à 30 francs. Voilà, pour les professions de la première catégorie, celles où le salaire rémunère surtout le don naturel et l'intelligence. Passons maintenant aux professions de la seconde catégorie, à celles où le salaire rémunère à la fois l'instruction professionnelle et l'effort physique.

Je prendrai d'abord pour exemple les diverses professions qui se rattachent à l'industrie du bâtiment. Nous aurons ici l'avantage de nous trouver en présence d'un document certain : c'est la *Série des prix* de la ville de Paris. On sait, en effet, que la ville de Paris fait paraître chaque année sous ce titre le recueil des prix qu'elle paie aux ouvriers employés par elle. Il y a quelques années, on serait tombé dans l'erreur si on avait donné ces prix comme étant le salaire courant de la main-d'œuvre dans l'industrie du bâtiment. Ce n'étaient que des évaluations maxima sur lesquelles la Ville s'appuyait pour régler les mémoires de ses entrepreneurs. Mais aujourd'hui, grâce à la faiblesse des autorités municipales, ces prix maxima sont devenus le tarif véritable des salaires pour les ouvriers employés dans les travaux publics, et ce tarif tend de plus en plus à s'imposer, grâce à l'entente des ouvriers entre eux, aux entrepreneurs de travaux privés. C'est donc à l'administration parisienne et à ses concessions trop faciles que revient en grande partie la responsabilité de l'exagération du prix de la main-d'œuvre dans l'industrie du bâtiment, exagération qui, par un retour facile à prévoir, tient sa part dans la crise traversée aujourd'hui par cette industrie. Nous allons nous rendre compte, en effet, avec quelle rapidité les ouvriers du bâtiment ont vu hausser leurs salaires depuis quelques années.

Voici quels sont les prix que la ville de Paris paie aujourd'hui à ceux qu'elle emploie : le tailleur de pierres en ravalement est payé 1 fr. 20 par heure, soit 12 francs par jour en été pour une journée de dix heures, et 9 fr. 60 en hiver pour une journée de huit heures (1); le poseur 9 francs en été, 7 fr. 20 en hiver; le tailleur de pierres ordinaire, le maçon et le briqueteur 8 fr. 50 en été et 6 fr. 80 en hiver; le garçon maçon et le garçon briquetier 5 francs en été, 4 francs en hiver; le charpentier 9 francs en été, 7 fr. 20 en hiver, le couvreur 8 francs et le garçon couvreur 5 francs; le plombier ou zingueur 7 fr. 50 et le garçon plombier 5 francs; le monteur gazier 10 fr. 25; l'ajusteur 9 fr. 90; l'aide-ajusteur 6 fr. 50; le parqueteur 9 francs; le menuisier 8 francs; le serrurier 7 fr. 50; le fumiste 7 fr. 50 et le garçon fumiste 4 fr. 50; le marbrier 8 fr. 50; le polisseur 7 fr. 50; le peintre en décors 12 francs; le peintre ordinaire 8 francs; le vitrier 8 fr. 50; le doreur 10 francs; le colleur 3 francs; enfin le miroitier 10 francs en été et 8 francs en hiver.

Parmi ces industries, il en est quelques-unes qui subissent pendant l'hiver une morte saison régulière qu'on évalue à deux mois,

____

1) L'été est compté du 1ᵉʳ mars au 31 octobre.

ce sont elles qui ont trait à la construction proprement dite : maçons, tailleurs de pierre, etc. Aussi beaucoup de maçons, originaires de la campagne, retournent-ils dans leur pays au mois de janvier pour n'en revenir qu'au mois de mars. C'est autant à déduire sur les 2,500 ou 3,000 francs qui constituent leur gain annuel (à supposer bien entendu qu'il ne subissent pas un chômage général). Mais celles qui s'exercent à l'intérieur des bâtimens déjà construits (peintres, doreurs, menuisiers) ne subissent aucune interruption. Quant à l'augmentation de ces salaires depuis quelques années (toujours d'après la *Série des prix* de la ville de Paris), cette augmentation varie de 25 pour 100, dans les industries les moins favorisées, à 60 pour 100, dans celles qui le sont le plus. Ce sont toujours les salaires les plus élevés dont l'augmentation proportionnelle a été le plus considérable. Ainsi le tailleur de pierres en ravalement, qui est payé 12 francs par jour, a vu son salaire hausser de 60 pour 100, tandis que le garçon plombier, qui est payé 5 francs, n'a bénéficié que d'une augmentation de 25 pour 100. Quant au garçon couvreur-guetteur, dont le métier très facile à exercer consiste à écarter les passans, il recevait 3 fr. 50 il y a sept ans : c'est encore 3 fr. 50 qu'il reçoit aujourd'hui. Mais en moyenne il faut compter que l'augmentation a été de 40 pour 100.

Passons à une industrie bien voisine de celle du bâtiment, à l'industrie de l'ameublement. Sans entrer dans des détails qui finiraient par fatiguer l'esprit, je me bornerai à dire que les sculpteurs sur bois gagnent de 9 fr. à 12 fr. 50 par jour ; les tapissiers, de 8 francs à 12 fr. 50 ; les ébénistes en meubles de luxe, de 8 à 11 francs ; les menuisiers en meubles massifs, de 8 fr. à 11 fr. 25 ; les menuisiers en sièges de luxe, de 7 à 10 francs ; les ébénistes en meubles ordinaires, de 5 à 8 francs ; les menuisiers en sièges ordinaires, de 4 fr. 50 à 6 fr. 50. Tel est le taux auquel les grèves récentes ont élevé les salaires dans l'industrie de l'ameublement, et il n'est pas très étonnant, lorsque les ouvriers italiens ou allemands se contentent d'un salaire de 3 à 5 francs par jour, que la concurrence de leurs produits fasse subir à cette industrie une crise beaucoup plus sérieuse que celle du bâtiment.

On pourrait être tenté de croire que ces industries du meuble et du bâtiment sont à Paris des industries privilégiées, où les ouvriers touchent des salaires exceptionnellement élevés. Aussi, pour compléter ces indications, prendrai-je encore deux industries qui n'ont rien d'exclusivement parisien : celle de la construction des machines et celle de la construction des wagons. Ces deux industries emploient à Paris un grand nombre d'ouvriers, et ici encore je pourrai donner des renseignemens de première main. Dans l'industrie de la construction des machines, les ouvriers les mieux payés sont les ajus-

teurs et traceurs, dont le salaire est de 8 fr. 50 par jour. Encore
faut-il compter que c'est là un salaire moyen et que les ouvriers
très habiles gagnent davantage. Viennent ensuite les forgerons et
les marteleurs, qui sont payés en moyenne 8 francs. Puis les outil-
leurs, les embateurs et caleurs de roues, les chaudronniers et les
cloutiers, dont le salaire oscille aux environs de 7 fr. 50; les tour-
neurs, les aléseurs, les mortaiseurs, les raboteurs et les chefs-mon-
teurs, dont le salaire varie de 6 fr. 50 à 7 francs; les pilonniers, les
perceurs, les taraudeurs, les frappeurs et aides-marteleurs, dont
le salaire varie de 5 fr. 50 à 6 francs; enfin les aides-chaudronniers
et les manœuvres, dont le salaire dépasse quelque peu 5 francs.
Tous ces salaires ont augmenté depuis dix ans d'une sómme qui
peut varier de 1 fr. 50 à 3 francs et qui est en général du tiers du
salaire, l'augmentation ayant toujours été, comme dans l'industrie
du bâtiment, d'autant plus forte que le salaire était plus élevé.

Dans l'industrie de la construction des wagons, qui peut servir
aussi d'indication pour celle de la carrosserie, voici les salaires que
nous trouvons : les modeleurs (dont le salaire a augmenté de 3 fr.
par jour depuis dix ans), sont payés 9 fr. 50; les charrons, les
peintres-rechampisseurs, broyeurs ou vernisseurs, de 7 fr. à 7 fr. 50;
les menuisiers, zingueurs, ferreurs, ferblantiers, garnisseurs, sel-
liers, de 6 fr. 50 à 7 francs; les ébénistes et ouvriers aux machines à
bois, de 6 fr. à 6 fr. 50; les peintres ordinaires et ponceurs, de 5 fr. 50
à 6 francs, enfin les chefs-manœuvres et manœuvres, ce 5 fr. à 5 fr. 50.
Dans ces diverses professions, l'augmentation des salaires s'est
élevée depuis dix ans de 1 à 3 francs suivant que le salaire était
plus ou moins fort. Il n'y a pas de morte saison, et les industries
auxquelles elles se rattachent sont aujourd'hui en pleine activité.

En résumé, dans les professions de la deuxième catégorie, où le
salaire rémunère à la fois l'aptitude professionnelle et l'effort physique, nous avons trouvé des salaires minimum de 5 francs, maximum de 12 francs. L'augmentation a été constante et dépasse sensiblement celle du coût de la vie.

Il ne me reste plus qu'à parler des professions de la troisième
catégorie, de celle où l'aptitude professionnelle entrant pour peu
de chose, le salaire ne rémunère guère que l'effort physique. Ici,
on ne rencontre guère de série de prix, ni de tarifs, à moins que les
ouvriers adonnés à ces professions ne soient employés dans la grande
industrie, où ils travaillent côte à côte avec des ouvriers employés
dans des professions appartenant aux deux premières catégories. Ils
bénéficient alors dans une certaine mesure des tarifs élevés de l'industrie à laquelle ils sont attachés. C'est ainsi que, dans les imprimeries, ceux qu'on appelle les margeurs, c'est-à-dire ceux qui ont à
placer avec certaines précautions les feuilles sous les cylindres de la

machine, touchent de 4 fr. à 4 fr. 50. De même, dans les ateliers de construction de wagons, les simples laveurs touchent de 4 fr. à 4 fr. 25. On peut également ranger dans cette catégorie les ouvriers qui s'emploient dans les grandes usines à des travaux n'exigeant point d'aptitudes spéciales, comme dans les raffineries ou les fabriques de produits chimiques ; ceux-là peuvent gagner environ 4 francs par jour.

Parmi les mieux payés dans ces diverses professions, n'oublions pas de faire figurer les camionneurs et les charretiers, car il faut encore une certaine adresse pour conduire dans les rues de Paris trois ou quatre chevaux attelés à la file ou une voiture lancée au grand trot. Aussi sont-ils encore payés de 4 à 4 fr. 50. Il en est de même de ceux qui sont doués d'une force physique assez grande pour porter sans faiblir sur leurs collets (aussi les appelle-t-on colletineurs) des fardeaux considérables. Mais l'homme de peine proprement dit, de quelque nom qu'il s'appelle, le palefrenier qui panse les chevaux, le portefaix qui, le long des quais, au vent glacé ou au soleil torride, débarde les trains de bois, décharge le sable ou la chaux, hisse des pierres de taille sur les charrettes ; le garçon de magasin, non point celui qui est employé à la recette, mais celui qui, dans les plus élégantes comme dans les plus modestes boutiques, arrive le premier, s'en va le dernier, balaie le plancher, décharge les paquets et risque chaque jour d'attraper, travaillant en nage dans un courant d'air, ce que, dans la langue populaire, on appelle un *chaud et froid*, prélude de la fluxion de poitrine et de la phtisie ; l'homme d'équipe qui, dans les gares de chemin de fer, pousse les wagons et graisse les roues des voitures ; l'homme, en un mot, voué à la peine, comme son dur nom l'indique, celui-là combien gagne-t-il ? Dans les grandes administrations, où il est très bien payé, 4 francs, quelquefois 3 fr. 75, le plus souvent 3 fr. 50, quelquefois moins. Ne faut-il pas, en effet, ranger dans la catégorie des hommes de peine ces balayeurs de la ville de Paris qui, par tous les temps, hiver comme été, sont obligés de se lever au milieu de la nuit pour commencer, dès la pointe du jour, le nettoyage des rues, balayer la neige ou la crotte, et auxquels, pour ce dur métier qui a l'avantage de n'exiger d'autre aptitude que deux bons bras, on donne 3 fr. 25 ? Aussi trouve-t-on peu d'ouvriers Parisiens d'origine pour manier le balai municipal : ce sont généralement des ruraux qui sont venus échouer à Paris ou des étrangers, autrefois des Allemands, aujourd'hui des Italiens. Il y a toute une colonie de ces derniers dans une de ces ruelles qui se cachent entre le boulevard Saint-Germain et le quai, à la hauteur des Thermes de Julien, et qui a nom rue de la Parcheminerie. Une grande maison à plusieurs étages en est bondée ; ils vivent là sept ou huit ensemble, maris et femmes, ou soi-disant tels, dans des chambres qu'ils paient jusqu'à 250 francs par an. Quelques-unes de ces

chambres ne sont éclairées que par un châssis situé à six ou huit
piéds au-dessus du sol. Il n'y entre jamais un rayon de soleil, et
ce sont des Italiens !

Ce salaire de 3 fr. 25, est-ce un minimum? Non; on trouve
encore des hommes de peine à 3 francs et même à 2 fr. 75. J'ai
rencontré un chargeur aux bureaux ambulans, dans les gares de
chemins de fer, auquel l'administration des postes n'allouait que
2 fr. 60. Mais ceux-là sont en général des débiles, payés en proportion des services qu'ils rendent; et c'est à 3 fr. 50 ou 3 fr. 75 par
jour qu'il faut fixer à Paris le salaire du véritable homme de peine.
Nous avons vu que, dans l'industrie, si bien payée, du bâtiment,
le guetteur chargé d'avertir les passans est payé 3 fr. 50 par jour.

Jusqu'ici je n'ai parlé que des professions régulières et classées,
dont les salaires courans sont fixés par des tarifs ou par l'usage.
Mais, en dehors de ces professions, il existe sur le pave de Paris un
certain nombre d'individus qu'il n'est pas possible d'assimiler complètement aux salariés, parce qu'ils vivent des produits d'une petite
industrie, et dont le gain journalier est souvent fort au-dessous
de celui des salaires les plus humbles : marchands des quatre sai-
sons (ceux-ci ne font cependant pas de trop mauvaises affaires),
vendeurs à la criée de petits objets (ce que, dans la langue de la
police, on appelle des *camelots*), crieurs de journaux, distributeurs
de prospectus, etc., sans parler ici de professions interlopes qu'on
ne pourrait énumérer et décrire sans refaire le *Paris inconnu* de
Privat d'Anglemont. Ces individus sont parfois des infirmes, généralement des déclassés, qui en sont arrivés là par fainéantise,
quand ce n'est pas par quelque cause encore moins avouable. J'ai
eu la curiosité d'engager un jour la conversation avec un individu
qui, au coin d'un boulevard fréquenté, distribuait aux passans des
prospectus. C'était un garçon bien découplé, à la figure intelligente, et comme je lui demandais comment il était tombé si bas,
il m'expliqua avec un peu d'hésitation qu'étant employé dans une
maison de commerce, « il s'était mis dans l'embarras, à cause d'une
femme, » puis, peu à peu, prenant confiance, il me raconta les garnis
misérables où il vivait, les gargotes invraisemblables où il se nour-
rissait au rabais, et il ajouta, dans un langage dont on me pardon-
nera de rapporter ici le naturalisme pittoresque : « Ah! Monsieur,
à Paris, quand une fois on est tombé dans la *pommade*, on ne peut
pas se figurer combien il est difficile de se relever. » Telle est, en
effet, la situation du plus grand nombre de ces individus, dont il
est impossible d'évaluer le gain journalier, mais qui vivent certainement, eux, leurs femmes et leurs enfans, quand ils en ont, dans la
plus profonde misère. Parmi ces professions, il en est une seule au
sujet de laquelle je crois devoir entrer dans quelques détails parce

qu'elle est essentiellement parisienne de sa nature et qu'elle occupe régulièrement plusieurs milliers d'individus : c'est l'industrie des chiffonniers, et, s'il ne répugne pas trop à mes lecteurs de pénétrer avec moi dans ce monde assez malpropre, nous allons y passer quelques instans.

Sous l'empire, la profession de chiffonnier était à Paris une industrie limitée et privilégiée. Pour s'établir chiffonnier, il fallait obtenir une autorisation de la préfecture de police, autorisation qui se traduisait par la délivrance d'une médaille. Aujourd'hui la préfecture de police s'est relâchée de ces exigences, et devient chiffonnier qui veut, ce qui n'empêche pas les anciens chiffonniers de porter encore leur médaille avec un certain orgueil. « Il y a vingt ans que je suis medaillé, » me disait l'un d'eux, et il y avait autant de fierté dans sa voix que s'il eût porté la médaille militaire. Depuis cette tolérance, le nombre des chiffonniers s'est sensiblement accru. Comme, pour s'établir chiffonnier, il suffit de pouvoir acheter une lanterne et une grande hotte qu'on appelle dans le métier un *mannequin*, c'est une profession facilement accessible. Autrefois les chiffonniers demeuraient en grand nombre derrière le Panthéon, dans les rues Mouffetard, Gracieuse, et autres encore, ou bien du côté du parc Monceaux, dans ce quartier mal famé qu'on appelait la petite Pologne et qui a depuis complètement disparu. Aujourd'hui, chassés par l'élévation constante du prix des loyers et par la répugnance qu'inspire leur voisinage, ils sont de plus en plus refoulés loin du centre et obligés de s'établir dans les terrains vagues qu'ils peuvent trouver encore dans Paris, les uns dans les environs de la barrière d'Italie, sur les vastes emplacemens aujourd'hui occupés par la cité Dorée et la cité des Kbroumirs, les autres au pied des buttes Chaumont, les autres à Clignancourt. Parfois sur ces terrains ils construisent eux-mêmes une cahute en bois, bâtie avec des planches qu'ils ont ramassées de droite et de gauche, dont ils bouchent les interstices avec des gravats. Mais généralement leurs logemens fort misérables ne leur appartiennent pas : ils sont construits par un principal locataire qui les leur loue au mois ou à la semaine à un prix exorbitant, et dans ces logemens ils vivent le plus souvent pêle-mêle avec les détritus qu'ils ont ramassés. Aussi le voisinage d'une cité de chiffonniers se trahit-il toujours par l'odeur aigre et douceâtre qui s'en exhale. Cette odeur est cause qu'on les pourchasse et les expulse sans cesse. Dans les baux qu'ils consentent, les propriétaires de ces terrains couverts par des cités de chiffonniers stipulent souvent que, dès qu'une portion du terrain sera vendue, tous les baux prendront fin et que les chiffonniers seront obligés de déguerpir en masse. C'est alors un véritable exode de ces pauvres diables, qui s'en vont de côté et d'autre, où ils peuvent, généralement hors barrière, parce que là on rencontre plus facilement des terrains inoccupés. Dès que quelques-uns ont trouvé à s'établir quelque part, le bruit s'en répand; d'autres viennent les rejoindre, et il se forme là une nouvelle agglomeration. C'est ainsi qu'à Clichy, à Levallois, les terrains qui bordent la route de la Révolte sont aujourd'hui couverts de cités de chiffonniers, où se réfugie une misère plus hideuse et plus abandonnée encore que celle qu'on trouve à Paris.

J'ai passé il y a quelque temps une curieuse après-midi à visiter ces cités et à faire causer leurs habitans, chez lesquels j'ai trouvé, je dois le dire, cette bonhomie et cette ouverture qu'on rencontre toujours à Paris chez les plus misérables, lorsqu'ils ont le sentiment qu'on s'intéresse véritablement à leurs petites affaires. L'une entre autres de ces cités est particulièrement curieuse. De son nom administratif elle s'appelle la cité Foucault, mais son nom populaire est la cité de la *Femme en culotte*. Elle doit cette appellation bizarre à sa fondatrice, qui est morte, il y a peu d'années, laissant par testament la nue propriété de la cité fondée par elle au village de Clichy, son pays natal, et l'usufruit à une de ses parentes assez jeune encore, qui vit dans une petite maisonnette au milieu de la cité. Cette jeune femme perçoit elle-même les loyers, comme faisait la *Femme en culotte*, sobriquet qu'avaient valu à Mme Foucault son costume habituel et peut-être aussi certaines particularités de ses mœurs. A vrai dire, la propriété léguée au village de Clichy n'est pas bien brillante: c'est une longue et étroite allée, bordée de maisons dont le rez-de-chaussée est construit au niveau du sol et dont le premier étage donne sur un long balcon en bois. Ces masures rapportent cependant quelques milliers de francs par an, louées qu'elles sont à la semaine et au prix de 15 à 20 francs par mois. Le loyer étant toujours payé d'avance, aucun mobilier n'est exigé des entrans: les plus fortunés possèdent un lit, une table, deux ou trois chaises; quelques-uns ne possèdent rien du tout : « Venez, monsieur, que je vous montre mon armoire à glace, » me dit l'un d'eux, et il m'introduisit dans son taudis. De meubles point; dans un coin, une botte de paille sur laquelle il couchait, et à la muraille un fragment de miroir cassé suspendu à un clou. C'était ce qu'il appelait son armoire à glace.

Il était environ midi, l'heure du repas; beaucoup de chiffonniers et de chiffonnières faisaient leur cuisine en plein air sur de petits réchauds; ils mettaient tremper dans l'eau des croûtons de pain et des débris de légumes ramassés la veille, ou bien faisaient rôtir quelques morceaux de viande détachés de vieux os. Il est très rare, en effet, que le produit de la tournée de chaque jour ne fournisse pas au chiffonnier la nourriture du lendemain, soit que, dans les tas d'ordures explorés par lui, il trouve quelques morceaux dont il puisse faire façon, soit que des dessertes de tables lui soient direc-

tement données à la porte des maisons riches et des restaurans.
Il faisait un beau soleil et des enfans jouaient gaîment dans la
poussière, les plus petits vêtus d'une simple chemise, les autres
en haillons. J'ai appris dans la conversation de ces malheureux
bien des choses que j'ignorais. C'est ainsi que j'ai pu discerner
qu'il y a des chiffonniers de tradition et des chiffonniers d'aven-
ture. Les premiers sont nés de parens ayant exercé eux-mêmes
ce médiocre métier, et ils ne seraient pas en état d'en exercer un
autre : ils y tiennent même comme à une profession qui leur laisse
toute leur indépendance et qui leur permet de travailler à leurs
jours et à leurs heures : ce sont des indécrottables; nés dans le
chiffon, ils mourront dans le chiffon; les autres sont, au contraire,
des déclassés; c'est après avoir essayé de dix métiers qu'ils sont
tombés dans celui-là, parce que tout le monde peut l'exercer et
qu'on ne dépend de personne. Ils rêvent d'abord d'en sortir, puis
ils finissent par s'y enfoncer et s'y abrutir peu à peu. Tel était notam-
ment le cas d'un individu assez beau parleur qui avait été autrefois
dans la culture et qui, après avoir mangé tout son bien et celui
de sa femme, vivait maintenant séparé de celle-ci. Mais elle lui faisait une pension de 300 francs. Aussi passait-il dans la cité pour un
rentier, et il ne chiffonnait qu'à ses heures. Quand j'entrai chez lui, il
était étendu sur son lit, en train de lire *l'Amour* de Michelet, et
il me montra sa bibliothèque, composée de cinq ou six volumes, qu'il
avait ramassés dans des tas d'ordures.

J'ai appris aussi. que, suivant son humeur et son imagination,
chacun se fait *placier* ou *coureur*; le placier est celui qui se rend
tous les matins à la même place, où on lui apporte dans des paniers
les détritus de certains établissemens, ou qui va, au contraire, chercher les paniers dans les maisons, évitant ainsi aux domestiques la
peine de les vider au dehors. Les *coureurs*, au contraire, sont ceux
qui, leur *mannequin* sur le dos, leur lanterne à la main, courent
d'un tas à un autre et ramassent avec la pointe de leur crochet tous
les débris qui sont susceptibles d'être revendus ensuite : vieux os,
vieux chiffons, vieux bouts de papiers, etc... Le métier de placier
est moins fatigant et plus rémunérateur que celui de coureur.
Néanmoins, celui de coureur est généralement préféré : pourquoi? Pour deux raisons. Par fierté d'abord; parce que le placier
est toujours un peu dans la dépendance des domestiques des maisons qu'il dessert, et que ceux-ci lui font sentir toute leur supériorité sociale; par imagination ensuite, parce que le coureur espère
toujours trouver dans les tas qu'il remue quelque trésor jeté par
mégarde. On se transmet, en effet, de père en fils dans le monde des
chiffonniers des légendes, qui n'ont peut-être aucun fondement, de
parures de diamans, de liasses de billets de banques trouvés dans

des tas de chiffons et qui, du jour au lendemain, ont fait du chiffonnier un bourgeois. Si grand est l'empire de l'imagination sur les intelligences les plus humbles, qu'échanger le métier de coureur contre celui de placier semblerait à maint chiffonnier renoncer pour toujours à la fortune.

Si la fortune doit arriver au chiffonnier, elle ne lui arrivera certainement pas en dormant, car son industrie s'exerce surtout la nuit, de huit heures du soir à minuit, et de quatre heures du matin jusqu'au jour. Un chiffonnier actif peut faire ainsi deux tournées par nuit en se reposant trois ou quatre heures entre les deux ; mais il faut qu'il soit pour cela vigoureux et doué de bonnes jambes. J'en puis parler par expérience. J'ai eu, en effet, il y a quelque temps, la fantaisie, qui pourra paraître singulière, d'accompagner un chiffonnier dans sa tournée nocturne. Partis du village de Clichy, nous avons parcouru de compagnie toutes les rues de Batignolles et descendu le boulevard de Courcelles jusqu'à la grille du parc Monceaux, courant de tas en tas, à l'étonnement des passans qui ne s'expliquaient pas bien le but de notre association. J'admirais la rapidité avec laquelle, à la faible lueur de sa lanterne, il savait reconnaître et piquer avec son crochet les débris qui étaient de revente. Chemin faisant, il me conta son histoire. Celui-là était un déclassé et il avait fait un peu tous les métiers. Originaire de la Flandre, il avait d'abord travaillé dans les fabriques du département du Nord, puis à Paris, puis dans des mines en Espagne. Là, il s'était marié avec une jeune fille du pays et il était revenu avec elle à Paris. Ils n'avaient pas trouvé d'ouvrage et peu à peu ils étaient tombés dans le chiffon. Dans les premiers temps, sa femme et lui étaient honteux du métier qu'ils faisaient et ils ne sortaient que la nuit ou en se cachant la figure avec un mouchoir. Puis peu à peu il s'y était fait et ne se plaignait pas trop de sa condition. Il était père de deux petites filles qu'il envoyait à une école protestante établie à portée de la cité où il demeurait. C'était un garçon intelligent, s'exprimant avec aisance, et fort expansif sur ce qui le concernait. Mais quand j'essayai de le faire parler sur ses camarades et quand je l'interrogeai sur certains détails de mœurs peu édifians dont il m'avait été parlé, je trouvai bouche close. L'honneur de la corporation lui commandait le silence. Causant ainsi, nous avions marché pendant quatre heures de ce pas rapide qui est particulier aux chiffonniers, et lorsque je le quittai à la barrière, sur le coup de minuit, je ne pus m'empêcher de le plaindre à la pensée que, sur la pointe du jour, il lui faudrait recommencer cette rude tournée.

À ce métier que peut gagner un chiffonnier? Il vend chaque jour ce qu'il appelle sa *vidée*, c'est-à-dire le contenu de sa hotte, à des maîtres chiffonniers qui achètent au poids et à des prix différens les débris dont elle se compose pour les revendre eux-mêmes soit directement, soit par l'intermédiaire de marchands en gros, aux fabricans, qui utilisent ces débris en les transformant. Le prix d'une *vidée*, suivant que la tournée a été plus ou moins fructueuse, peut varier de 1 fr. 50 à 2 francs. Si le chiffonnier fait, comme il le peut, deux tournées par jour, cela lui assure un gain journalier de 3 à 4 francs. S'il vit en ménage (mariés ou non, c'est le cas de presque tous les chiffonniers) et que sa femme chiffonne avec lui, c'est un gain de 6 à 7 fr. Contrairement à ce qui se passe d'ordinaire, les enfans sont plutôt une manière d'augmenter le gain. Jeunes, ils font le *tri* de la *vidée*, c'est-à-dire qu'ils mettent ensemble les débris de même nature avant de les porter chez le maître chiffonnier. Plus âgés, ils chiffonnent avec le père et la mère. La dépense de nourriture est presque nulle, ce qui a été ramassé dans les tas d'ordure ou donné directement aux placiers y subvenant en grande partie. La dépense en vêtemens est très faible, car ils sont obligés en quelque sorte par leur profession même d'être en haillons et ils ne sont pas tenus à cette décence du costume qui s'impose à l'ouvrier parisien. Il serait donc facile à beaucoup d'entre eux d'économiser un peu et d'arriver avec le temps à s'établir maîtres chiffonniers, ce qui est le débouché de la profession. Pourquoi ne le font-ils pas? Parce que, cela est triste à dire, le plus clair de leur gain passe au cabaret. Beaucoup vont directement dépenser chez le marchand de vin l'argent qu'ils ont touché pour le prix de leur *vidée*. Nulle part je n'ai vu autant de figures enluminées et senti autant d'haleines respirant l'alcool que dans la cité de la *Femme en culotte*. Les chiffonniers vivent généralement au jour le jour, et rarement une pièce de monnaie leur reste entre les doigts. Aussi les prévoyans, les économes, sachant combien ils auraient de peine à conserver dans leur poche les 3 ou 4 francs qu'il leur faut chaque semaine verser entre les mains de leur propriétaire, mettent-ils à part chaque matin une portion de leur vidée. Le jour du terme arrivé, ils vendent cette réserve en bloc et ils vont immédiatement s'acquitter entre les mains du gérant ou du propriétaire de la cité. Vis-à-vis de ceux qui n'ont pas eu cette sagesse, le propriétaire ou le gérant se trouve dans un certain embarras. Comment s'y prendre pour extirper d'eux la redevance hebdomadaire? Saisir leurs meubles? Souvent ils n'en ont d'autre que le lit, insaisissable. Voici alors comment le propriétaire procède. Il enlève la porte et la fenêtre de la chambre du locataire en retard, et il patiente une semaine. Au bout de la semaine, pour ravoir sa porte et sa fenêtre, le locataire récalcitrant s'arrange souvent pour payer l'arriéré. Sinon il est expulsé et va traîner sa misère ailleurs. Aussi les cités de chiffonniers changent-elles souvent d'habitans et leurs habitans sont-ils généralement fort dégradés. C'est, je crois, une erreur de penser comme certains publicistes que le chiffonnier, pouvant avec avantage associer à son industrie sa femme et ses enfans, constitue un embryon sauveur de famille-souche dans notre société désorganisée. En réalité, le chiffonnier est le plus souvent un paresseux ou un déclassé, qui vit dans des conditions fort misérables, mais qui est un peu l'auteur de sa propre misère, et sur lequel il n'y a pas grande illusion à conserver.

Résumons maintenant en quelques mots ces indications trop longues, bien que très incomplètes. Nous avons vu que, dans les deux premières catégories de professions, les salaires s'élèvent notablement au-dessus de ce chiffre de 2 fr. 75 à 4 francs, qui nous a semblé être le minimum du coût de la vie, et que même, dans la troisième catégorie, la moins favorisée, les salaires variaient généralement de 3 fr. 50 à 5 francs. Enfin nous avons vu également qu'en dehors de ces trois catégories, il existait encore un certain nombre d'individus dont le gain journalier était presque impossible à évaluer, mais devait cependant atteindre difficilement 3 francs. Il serait intéressant de pouvoir dire avec exactitude comment la population qui vit de son travail se répartit entre ces différentes catégories. Malheureusement les résultats détaillés du dénombrement de 1881 n'ont pas encore paru. Si l'on se reporte à ceux de 1876, on voit qu'à cette date le nombre des ouvriers employés à Paris dans les usines, les manufactures et dans les arts et métiers de diverse nature, s'élevait à 248,992, en chiffres ronds 250,000; celui des hommes de peine, journaliers, etc., à 74,128, en chiffres ronds 75,000, enfin celui des mendians, vagabonds, individus sans profession, à 15,114. Si ces chiffres ont augmenté avec la population, il n'est pas probable que les proportions aient varié beaucoup. On pourrait donc dire aujourd'hui que, sur l'ensemble des individus vivant à Paris de leurs gains journaliers, 74 pour 100 gagnent 4 francs par jour et au-dessus jusqu'aux chiffres les plus élevés, 22 pour 100 de 3 à 4 francs, et 4 pour 100 seulement moins de 3 francs. Ce sont là sans doute des évaluations très approximatives; mais ces indications suffisent pour donner le droit d'affirmer qu'à Paris l'insuffisance des salaires ne saurait être représentée comme une cause générale de la misère, et qu'il n'y a rien de vrai au point de vue expérimental dans la fameuse maxime de Turgot rajeunie par Lasalle : « En tout genre de travail, il doit arriver et il *arrive, en effet*, que le salaire de l'ouvrier se borne à ce qui est nécessaire à sa subsistance. » Il faut même aller plus loin et reconnaître que Paris est, comme on le répète souvent, le paradis terrestre des ouvriers. Lorsqu'on pense qu'un grand nombre d'entre eux se fait annuellement par son travail une somme qui varie de 2,000 à 3,000 francs et qu'on compare leur situation à celle des employés qui touchent un traitement égal ou même inférieur, car il y a nombre d'employés à 1,800 et même à 1,500 francs, on ne saurait nier que la situation des ouvriers ne soit infiniment plus enviable, car l'employé est obligé de satisfaire à des conditions d'existence dont l'ouvrier est affranchi. L'employé ne peut pas porter la blouse; il ne peut pas manger dans une gargote ou dans un fourneau économique; il est obligé de se loger dans une maison décente. Avec un salaire moins élevé, la vie lui revient donc plus cher, et cependant on n'a jamais vu les employés à 1,800 se mettre en grève et quitter leur bureau pour aller faire une manifestation pacifique, ou soi-disant telle, sur l'esplanade des Invalides.

Ceci dit, il faut cependant se préoccuper de cette humble catégorie encore assez nombreuse après tout, puisqu'elle comprendrait près d'un quart de la population ouvrière, qui touche habituellement un salaire à peine égal à ses besoins, et il faut reconnaître également que pour ceux-là la situation est singulièrement précaire et pénible. Cependant eux non plus ne manifestent guère, et l'on n'a jamais entendu parler à Paris d'une grève des hommes de peine. C'est peut-être une raison de plus pour se préoccuper de leur situation et pour dire que l'homme dont le salaire quotidien oscille de 3 à 4 francs, s'il ne vit pas habituellement dans la misère, est toujours à la veille d'y tomber. Comme à moins de pratiquer ces vertus d'anachorète qu'on doit admirer quand on les rencontre, mais qu'on ne saurait exiger, il ne lui est pas possible de faire des économies, la moindre interruption de son travail, tenant à un chômage ou à une indisposition de quelques jours, le met immédiatement au-dessous de ses affaires. Que le chômage, que l'indisposition se prolonge, que les dettes surviennent, que la mauvaise chance s'en mêle, c'est un homme perdu. Aussi n'est-il pas étonnant que, sur la liste des indigens inscrits au bureau de bienfaisance, les hommes de peine, pour ne parler que de ceux-là, figurent, pour plus de 5,000, soit pour un chiffre cinq fois plus élevé que celui de la profession qui fournit ensuite le plus d'indigens, celle des cordonniers, profession également très humble lorsqu'elle est pratiquée à domicile, en dehors des grands ateliers.

Il convient de plus de faire remarquer qu'en fixant entre 3 et 4 francs la somme nécessaire pour vivre à l'abri du besoin, nous avons toujours parlé d'un individu isolé. Mais n'est-ce pas le cas de se rappeler certain dialogue d'un conte oriental entre Allah et un portefaix très pauvre, aux ferventes prières duquel Allah avait promis d'accorder tout le nécessaire? Après avoir adressé à Allah différentes requêtes qui toutes avaient été exaucées, le portefaix finit par demander une femme. — Mais une femme, c'est du superflu, fit observer Allah. — C'est donc, repartit le portefaix, un superflu bien nécessaire. — Une femme, des enfans qui l'accueillent avec tendresse au retour d'une rude journée de travail passée sous les ordres d'un patron ou d'un contremaître impérieux et qui illuminent d'un doux rayon son triste intérieur, n'est-ce pas aussi un superflu bien nécessaire pour l'homme de peine, aussi nécessaire, plus nécessaire pour lui peut-être que pour tout autre? La journée de travail finie, espère-t-on qu'il passera les quelques heures qui lui restent seul dans une chambre sans feu? Non! Il va tout naturellement au cabaret, le club de l'homme du peuple, et il y dépense les quelques sous qu'il aurait pu mettre de côté, à moins qu'il n'ait dans son voisinage un cercle d'ouvriers, institution excellente dans son principe, mais où il craindra peut-être d'entrer, parce que la fréquentation d'un de ces cercles équivaut, aux yeux de ses camarades, à une profession de foi religieuse et politique. Il faut donc, et pour beaucoup d'autres raisons encore, désirer qu'il se marie. Mais son modeste salaire ne lui permettra pas de soutenir à lui tout seul une femme et les enfans à venir. Il faut donc de toute nécessité qu'il épouse une femme exerçant elle-même une industrie suffisamment lucrative. Et ceci nous amène tout naturellement à compléter cette étude en recherchant quels sont, dans l'industrie parisienne, les salaires des femmes.

IV.

La question du travail des femmes est une de celles qui, à juste titre, ont le plus souvent préoccupé les économistes. Cette question a inspiré un des plus beaux livres qui aient été écrits, de notre temps, sur ces matières, *l'Ouvrière*, de M. Jules Simon, livre qui est toujours à relire, comme un modèle en ce genre d'études. Plus récemment, M. Paul Leroy-Beaulieu a consacré un volume très intéressant au travail des femmes au XIXᵉ siècle. Mais ces ouvrages envisagent la question du travail des femmes à un point de vue beaucoup plus général que le nôtre, bien que l'ouvrage de M. Leroy-Beaulieu contienne un chapitre spécial sur les salaires des femmes à Paris. Infiniment plus modeste en ses visées, mais plein de renseignemens utiles, est un livre de Mˡˡᵉ Pichart, intitulé *le Choix d'un état*. Enfin la grande enquête publiée en 1864 par la chambre de commerce peut encore, pour beaucoup de professions, être utilement consultée. A l'aide de ces documens, complétés, comme pour les hommes, des renseignemens que je me suis procurés directement, j'espère être en mesure de donner des indications très sommaires sans doute, mais cependant suffisantes, sur les salaires des femmes à Paris.

C'est un fait bien connu que, dans toutes les professions, le salaire

des femmes est infiniment moindre que celui des hommes. Bien
des explications peuvent être données de cette infériorité. D'un
côté, leur force physique moins grande leur défend d'entreprendre
certains travaux dont la rémunération est proportionnée à l'effort;
de l'autre, un certain défaut d'invention, une certaine stérilité d'imagination, leur rend difficile de soutenir la concurrence avec les
hommes dans ces industries privilégiées où les dons artistiques sont
surtout nécessaires. Dans un ordre d'idées différent, leurs besoins
moindres et leur résignation plus grande les rendent peut-être
aussi plus accommodantes. Ce sont les grèves de ces dernières
années qui ont contribué à pousser si haut les salaires des hommes.
Les grèves de femmes, à Paris du moins, sont fort rares, et sans
compter l'honneur qui doit en revenir à la douceur de leur caractère, comme elles travaillent assez rarement dans de grandes usines
et beaucoup plus fréquemment dans de petits ateliers ou à domicile, les grèves seraient pour elles d'une organisation difficile, sinon
impossible. Mais quelle qu'en soit l'explication, le fait est constant, et
nous allons en rencontrer une première preuve.

Nous avons distingué, parmi les professions exercées par les
hommes, celles où le salaire rémunère surtout le don naturel et
l'intelligence, celles où il rémunère à la fois l'aptitude professionnelle et l'effort physique, enfin celles où il rémunère presque exclusivement l'effort physique, et nous avons constaté que de ces trois
catégories de professions, la première était de beaucoup la plus
avantageuse. Or il y a très peu de professions exercées par les
femmes qui puissent être rangées dans cette première catégorie.
On ne peut guère citer, comme procurant à certaines femmes des
salaires exceptionnellement élevés, que les professions de peintres
sur porcelaine travaillant pour la manufacture de Sèvres (elles
sont en très petit nombre), de compositrices de dessins pour châles
et tentures (en très petit nombre également, cette profession étant
presque complètement absorbée par les hommes) et de monteuses
de guirlandes de fleurs. Les femmes qui exercent ces professions
peuvent arriver à se faire un salaire d'environ 8 francs par jour,
ce qui correspond à un salaire de 10 à 12 francs pour les hommes.
Les autres professions ayant un certain caractère artistique où les
hommes se font un salaire élevé, orfèvrerie, bijouterie, ciselure,
gravure, sont fermées aux femmes, bien que, depuis quelques années, on ait institué pour elles des cours de gravure sur bois.
Cependant une profession nouvelle s'est ouverte pour les femmes
depuis un certain nombre d'années, celle de l'imprimerie. On sait
à quelles énergiques protestations l'emploi des femmes dans l'imprimerie a donné lieu au début de la part des compositeurs typographes, qui ont fait preuve tout à la fois, dans cette circonstance,

de l'égoïsme qui est naturel à l'homme, et de l'étroitesse de vues qui est spéciale à l'ouvrier quand ses intérêts corporatifs sont en jeu. On a pu voir par les chiffres que j'ai donnés si la concurrence des femmes a eu pour résultat de faire baisser le salaire des hommes dans les imprimeries. Il s'en faut, au reste, que la profession soit aussi lucrative pour les femmes que pour les hommes. Bien que, dans certaines grandes imprimeries, elles soient payées d'après le même tarif que les hommes (0 fr. 65 le mille de lettres), elles arrivent rarement à atteindre un salaire de 6 francs par jour. Il y en a très peu qui soient employées comme metteuses en pages. Néanmoins, c'est encore un très bon métier pour une femme que celui de compositrice typographe. J'ai eu l'occasion de visiter il y a quelque temps un de ces ateliers où les femmes sont exclusivement employées, et c'est une grande satisfaction que de les voir ainsi adonnées à un métier rémunérateur qui développe leur intelligence, qui n'épuise point leurs forces, et qui leur assure un gain à peu près régulier. Il faut être soi-même compositeur typographe pour s'en affliger.

Il n'y a donc qu'un très petit nombre de professions exercées par les femmes où le salaire rémunère surtout le don naturel et l'intelligence, partant très peu de femmes qui touchent des salaires véritablement élevés. En revanche, il y en a une grande quantité qui exercent des professions où le salaire rémunère à la fois une certaine instruction professionnelle, et je ne dirai pas la vigueur physique (pour les femmes l'expression serait impropre) mais la continuité dans le travail. Pour les femmes, ces professions sont de beaucoup les plus nombreuses, celles qui exigent uniquement l'effort physique n'étant guère à leur portée. Avant d'indiquer les salaires afférens à quelques-unes de ces professions, je dois répéter une observation que j'ai déjà faite à propos de certains métiers exercés par les hommes, c'est que de ces salaires il faut défalquer le temps de la morte saison régulière. Or il n'y a peut-être pas une seule des industries exercées par les femmes qui échappe à la morte saison. Pour quelques-unes même, c'est l'activité qui est l'exception ; c'est la morte saison qui est l'habitude : quatre mois d'activité, huit mois de morte saison. Pour d'autres, la morte saison se borne à six mois, pour les industries les plus favorisées elle est encore de deux à trois mois. C'est une observation qu'il ne faut jamais perdre de vue, quand on rencontre d'abord ces salaires encore assez élevés qu'assurent aux femmes les industries alimentées par le luxe.

Prenons pour exemple la profession de fleuriste. Une bonne fleuriste (je ne parle pas des monteuses de guirlandes, qui réalisent des gains exceptionnellement élevés) peut gagner de 5 à 6 francs par jour. C'est là un salaire assurément élevé et qui, se joignant à l'attrait de la profession elle-même, peut tenter plus d'une jeune fille. Mais elle ne doit pas oublier que son métier de fleuriste ne la fera vivre que quatre mois de l'année sur douze, et que pendant les huit autres mois de l'année il faudra qu'elle se rabatte sur quelque autre. La même observation peut être faite pour les brodeuses en fin et pour les plumassières, c'est-à-dire les ouvrières qui apprêtent les plumes pour les robes et chapeaux. Les unes et les autres peuvent se faire des journées de 5 francs. Une brodeuse habile va jusqu'à 6 francs. Mais elles ont à subir une morte saison presque aussi longue que celle des fleuristes. Aussi peut-on considérer comme étant en réalité plus avantageuses pour les femmes les professions plus modestes de giletière et de culottière. Il paraît qu'une culotte et un gilet sont assez difficiles à bien faire. Aussi ce travail particulier est-il assez rémunérateur. Une bonne giletière ou culottière mécanicienne, c'est-à-dire travaillant avec une machine, peut gagner 4 fr. 50 par jour. Doivent être aussi considérées comme avantageuses les professions de fleuristes en fleurs communes (n'était la morte saison), de monteuses d'ombrelles et de parapluies, de brodeuses en armoiries, de brodeuses et de raccommodeuses de tapisseries, qui arrivent à se faire un salaire de 4 francs par jour. Mais ces professions n'emploient qu'une minorité parmi les ouvrières de Paris. Nous abordons des professions beaucoup plus remplies en arrivant à la catégorie des modistes et des couturières.

Le salaire des modistes varie beaucoup suivant leur goût, leur habileté et aussi suivant les magasins où elles sont employées. Le salaire moyen d'une modiste peut varier de 3 à 4 francs. Celui des couturières varie davantage encore suivant leur habileté et aussi suivant qu'elles sont employées à la confection, aux robes, aux pièces, ou qu'elles travaillent à la journée chez des particuliers. Il est impossible, sous peine d'allonger indéfiniment ce travail, d'entrer dans tous ces détails multiples. Bornons-nous à dire que, si quelques couturières en robes très habiles peuvent gagner de 4 à 5 francs par jour, la moyenne des couturières aux pièces gagne de 2 fr. 50 à 3 francs. Nous trouvons un salaire de 3 francs chez les brocheuses, chez les teinturières, métier peu apprécié des femmes, parce qu'il salit les mains; chez les cartonnières, métier peu apprécié également, parce qu'il est malpropre et subit un chômage de huit mois; chez les brunisseuses, chez les polisseuses en bijoux et chez les bonnes repasseuses. Nous descendons à un salaire de 2 fr. 75 avec les savonneuses, les corsetières, les raccommodeuses de dentelles, les passementières (qui subissent quatre mois de morte saison), et les ouvrières employées à la manufacture de tabacs (celles-ci vont cependant parfois jusqu'à 3 fr.); ce sont là assurément des gains bien modestes. Nous allons en trouver cependant de plus modestes encore dans les professions de brodeuses en tapisserie, de raccommodeuses de cachemires, d'enlumineuses en cartes de géographie, de piqueuses de bottines, de couseuses, brodeuses et piqueuses de gants, qui gagnent 2 francs par jour, quelquefois moins, surtout dans la cordonnerie et la ganterie, enfin dans la profession de lingère.

La lingerie est un des métiers qui emploient le plus de femmes à Paris, parce qu'il est un des plus faciles à apprendre. C'est la profession de celles qui n'en ont point d'autres ; aussi est-elle une des moins rétribuées. Autrefois, les pensionnats religieux, ouvroirs, orphelinats formaient presque exclusivement des lingères. Depuis quelques années, de grands progrès ont été faits dans la direction industrielle de ces établissemens, où l'on enseigne aujourd'hui aux jeunes filles les professions les plus variées. Mais on y forme encore trop de lingères, et faute de savoir débattre avec assez de ténacité le prix des commandes que leur font les maisons de confection, ces établissemens contribuent à la baisse de la main-d'œuvre. On fait aussi de la lingerie dans les couvens, dans les prisons, dans certains modestes intérieurs où, pour suppléer à l'insuffisance du revenu annuel, la femme se livre à de petits travaux qu'elle vend ensuite en cachette et à bas prix. Toute cette concurrence, parfaitement légitime en son principe, contribue encore à avilir le métier. Une très bonne lingère, très habile, employée par une de ces grandes maisons qui paient cher, tenant à avoir de l'ouvrage très bien fait, peut gagner de 3 à 4 francs, mais c'est là un salaire exceptionnel. La lingère en linge ordinaire et chemises gagne de 2 fr. à 2 fr. 50. C'est aussi le salaire des brodeuses sur linge (je ne parle pas des brodeuses en broderies chiffrées et armoriées, qui gagnent de 4 à 5 francs). La lingère qui travaille pour les maisons d'exportation ne gagne plus que 1 fr. 75 : c'est bien peu, assurément, et cependant ce n'est pas là un salaire minimum dans l'industrie de la lingerie. On vend aujourd'hui dans les grands établissemens de confection comme le Louvre, le Bon Marché, la Belle Jardinière et ailleurs des peignoirs, des camisoles et d'autres ajustemens en linge que les petites bourgeoises se réjouissent de payer au prix de 2 fr. 75 ou 2 fr. 50 et qui leur permettent de se donner le luxe de déshabillés élégans. Ces ajustemens sont donnés à forfait à une entrepreneuse à laquelle on paie 0 fr. 60 de façon par pièce. Celle-ci en fait une partie elle-même et distribue le reste à des ouvrières auxquelles elle ne donne que 0 fr. 50. En travaillant d'arrache-pied depuis le matin jusqu'au soir, une ouvrière ordinaire peut en faire deux et demi, soit un salaire quotidien de 1 fr. 25 (je garantis absolument tous ces chiffres). Est-ce là du moins un salaire régulier? Non ; il faut encore déduire deux mois de morte saison, ce qui, pour toute l'année, ramène à 0 fr. 80 ou 0 fr. 90 la moyenne du salaire quotidien de certaines ouvrières. Lorsqu'on est descendu si bas comme salaire, il semble qu'on ne puisse trouver plus bas encore? Eh bien! si. Il y a encore la couseuse de sacs, c'est-à-dire le plus souvent une ancienne lingère dont les yeux sont affaiblis par l'âge ou brûlés par le travail à la lumière. La douzaine de sacs est payée 0 fr. 15 : à six douzaines par jour, cela fait 0 fr. 90, et, pour arriver à ce chiffre, il ne faut pas perdre grand temps, sur les seize heures qui constituent le maximum du travail humain. Sinon, on tombe à 0 fr. 75, à 0 fr. 60.

Lorsqu'on relève de pareils salaires, qui ne sont pas des moyennes théoriques, mais des réalités douloureuses, que peut-on dire? Hélas! on ne peut que songer à cette dramatique chanson de la chemise, *the Song of the shirt*, qui a un remué instant l'Angleterre et qui, pour délier les bourses, a plus fait que bien des sermons. Pour ceux qui ne la connaîtraient pas, on me permettra de la transcrire ici :

Une femme est assise, couverte de haillons. Ses paupières sont rouges et gonflées, ses doigts sont las et usés. Avec une hâte fiévreuse, elle pousse son aiguille, elle tire son fil et, sans relâche, d'une voix aigre et gémissante, elle chante la chanson de la chemise :

Pique, pique, pique, mon aiguille, quand le coq chante au loin, et pique, pique, pique encore quand les étoiles brillent à travers ton toit disjoint. Pique, pique, pique jusqu'à ce que ton cerveau flotte dans le vertige, jusqu'à ce que tes yeux soient brûlans et troublés, jusqu'à ce que tu tombes endormie sur les boutons et que tu achèves de les coudre en rêve.

O hommes qui avez des sœurs que vous aimez! ô hommes qui avez des épouses et des mères! ce n'est pas du linge que vous usez chaque jour, ce sont des vies de créatures humaines. Pique, pique, pique, mon aiguille, dans la pauvreté, dans la faim, dans la fange, cousant à la fois avec un double fil un linceul aussi bien qu'une chemise.

Mais pourquoi parlé-je de la mort? Ce spectre aux ossemens hideux, je redoute à peine l'apparition de sa forme effrayante. Elle est si semblable à la mienne, que les longs jeûnes ont décharnée. Hélas! faut-il que le pain soit si cher, et la chair et le sang si bon marché!

Pique, pique, pique, mon aiguille. Ma tâche ne s'achèvera donc jamais! Et quel est mon salaire? Un lit de paille, un morceau de pain et des haillons; ce toit entr'ouvert, ce plancher humide, une table et une chaise brisée, et un mur si blanc, si nu que je remercie mon ombre de s'y projeter quelquefois.

Oh! une heure seulement, rien qu'une heure de repos! Trêve un instant, non pour goûter les douceurs bénies de l'amour et de l'espérance, mais pour me laisser aller à ma douleur. Pleurer un peu soulagerait tant mon cœur! mais dans mes yeux gonflés je dois refouler mes larmes, car chaque goutte retarde la marche de mon aiguille et de mon fil et pourrait tacher mon ouvrage.

Une femme est assise, couverte de haillons. Ses paupières sont rouges et gonflées, ses doigts sont las et usés. Avec une hâte fiévreuse, elle pousse son aiguille, elle tire son fil, et, sans relâche, d'une voix aigre et gémissante, elle chante la chanson de la chemise.

Toutes ces professions, dont nous venons de voir la maigre rétribution, sont cependant comprises dans la catégorie de celles où une certaine instruction technique est nécessaire. Au-dessous, il y a les professions de la troisième catégorie, celles où les femmes n'apportent que leurs bras et leur bonne volonté; ouvrières employées chez les fabricans d'allumettes chimiques, de chandelles, de caoutchouc, de couvertures, de ouates, chez les tisseurs de châles et les effilocheurs de laines; ouvrières employées au bobinage, au lavage et au triage des chiffons, à l'enlèvement des ordures, rebut de la population féminine, réduites par inconduite, par ignorance, et malheureusement aussi quelquefois par infirmité, à ces tristes et malpropres métiers. M. Paul Leroy-Beaulieu, qui en 1873 évaluait à 15,000 le nombre de ces femmes, leur attribuait un salaire de 1 franc à 1 fr. 50 par jour. Il y faut joindre également la nombreuse catégorie des femmes de ménage et des femmes de journée, qui correspond à celle des hommes de peine et qui naturellement est encore moins payée. Nous sommes arrivés ici au dernier rang du travail féminin. Il ne nous reste qu'à compléter cette triste nomenclature en disant que, d'après le dernier recensement de la population indigente, il y a 41,291 femmes inscrites sur les listes des bureaux de bienfaisance, — tandis qu'il n'y a que 25,092 hommes, — et que dans ce nombre figurent 5,168 femmes de journée, 2,298 femmes de ménage, 1,436 lingères et 1,217 couturières.

Que ressort-il de ces indications? On se souvient que nous avons fixé à 850 francs par an, c'est-à-dire à un salaire de 2 fr. 75 par jour pour 300 jours de travail, le gain annuel nécessaire pour vivre à Paris à l'abri du besoin. J'admets (pour ne pas m'exposer au reproche d'une philanthropie exagérée) que ce chiffre soit un peu trop élevé, s'il s'agit d'une femme, et qu'elle puisse vivre avec 700 francs, avec 650 francs même, si l'on veut. (Comment vit-on à Paris pour 650 francs?) Ce chiffre suppose toujours, pour 300 jours de travail, un salaire de plus de 2 francs par jour. Or ce salaire est-il celui que touche la majorité des femmes? L'auteur d'une intéressante étude sur *le Travail féminin à Paris* (1), Mme de Barrau,

(1) Il est regrettable que, dans cette étude remarquable à plus d'un titre, Mme de Barrau se laisse emporter et aveugler par sa haine des congrégations religieuses. Elle

n'hésite pas à affirmer le contraire; elle accorde aux statisticiens que la moyenne des salaires a pu hausser depuis vingt ans et que, du chiffre de 2 fr. 14 par jour, cette moyenne peut s'élever maintenant à 2 fr. 78; mais elle affirme que la grande majorité des femmes ne touche pas ce salaire. Ce qui, suivant Mᵐᵉ de Barrau, contribuerait à enfler cette moyenne, c'est le salaire élevé attribué à certaines professions privilégiées : celles de fleuristes, de compositrices typographes, de brodeuses de fin, etc. Mais il n'y a qu'un petit nombre d'ouvrières qui touchent ces salaires élevés pendant un petit nombre de mois de l'année, et il suffit de ces quelques chiffres pour fausser absolument la moyenne au point de vue de la réalité des faits. Mᵐᵉ de Barrau n'hésite pas à dire que le plus grand nombre des ouvrières ne touchent pas ce salaire moyen de 2 fr. 78 par jour, ni même ce salaire de 2 fr. 14, qui était la moyenne de 1864. Après avoir relevé le grand nombre d'ouvrières qui ne gagnent que 2 francs ou moins de 2 francs, je suis porté à croire que Mᵐᵉ de Barrau a raison. S'il y a, au reste, une opinion qui soit répandue dans la classe populaire, c'est bien l'idée qu'une femme seule ne peut gagner sa vie à Paris. Bien des fois j'ai rencontré cette opinion élevée à l'état d'axiome, mais jamais je n'en ai été plus frappé qu'un jour où j'ai entendu une femme veuve demander son inscription sur les registres de la prostitution en donnant comme raison : « Je ne gagne que ce qu'une femme peut gagner à Paris, trente sous par jour, et ce n'est pas assez pour vivre. » Tenant la raison pour ce qu'elle pouvait valoir, on ne peut nier cependant que cette difficulté de gagner sa vie toute seule ne soit le cas d'un grand nombre de femmes et qu'une bonne moitié des jeunes ouvrières, si on ne veut pas dire la majorité, ne se trouve dans cette alternative : vivre de privations ou se marier.

Mais, dira-t-on, cette alternative n'a rien que de parfaitement normal et de conforme au plan général du monde. S'il n'est pas bon pour l'homme de vivre seul, cela est encore moins bon pour la femme. Le mariage est sa carrière naturelle, le mari un protecteur, les enfans une douceur dans sa vie, et son faible salaire, s'ajoutant à celui de son mari, leur permettra de vivre dans une honnête aisance et d'élever convenablement ses enfans.

La réponse serait topique si l'alternative s'offrait toujours à l'ouvrière dans les termes où je viens de la poser. Malheureusement, dans la classe ouvrière de Paris, ne trouve pas un mari qui veut. Nous verrons plus tard, en faisant la part de l'inconduite dans le

n'hésite pas à affirmer que, d'un bout à l'autre du territoire, les congrégations ont ourdi une vaste conspiration pour avilir les salaires des métiers exercés par les femmes et les faire tomber par là dans leur dépendance; comme remède, elle conseille aux femmes de fonder des sociétés coopératives de lingerie.

développement de la misère, combien la répugnance égoïste et systématique des hommes, se joignant aux complications d'une législation mal conçue, rend le mariage difficile aux femmes. Aussi un troisième parti, le plus facile même, s'offre-t-il à elles : prendre un amant. Beaucoup succombent à cette tentation, donnant à leur faiblesse l'excuse malheureusement trop plausible de la nécessité, et, s'il faut garder toute sa sévérité pour celles qui prennent ce parti de gaîté de cœur, il faut avoir, au contraire, des trésors d'inépuisable indulgence pour celles qui ne succombent que par lassitude, après une longue résistance ; triste parti, au reste, car, au bout de quelques années, leur amant les abandonne ordinairement, en leur laissant deux ou trois enfans sur les bras.

Disons tout de suite qu'à côté de ces exemples, qui sont en grand nombre, on rencontre aussi des exemples tout opposés de lutte courageuse. On ne sait pas assez ce que, chez ces petites ouvrières de Paris, dont les unes ont l'air si évaporé, mais les autres si décent et si digne, il se cache de stoïques vertus ; on ne sait pas assez grâce à quels prodiges d'économie, de sobriété, de privations, elles parviennent à soutenir non-seulement elles-mêmes, mais parfois une mère infirme ou des sœurs en bas âge, rognant sur toutes les dépenses, ne buvant jamais de vin, mangeant rarement de la viande, et, le jour où le travail manque, vivant avec quelques sous de pain et de lait. Lorsqu'on réfléchit que beaucoup de ces jeunes filles passent leurs journées à manier des étoffes de soie, à ourler des peignoirs de dentelle, et que, dès l'enfance, elles savent parfaitement à quel triste et facile prix tout ce luxe peut s'acquérir, il faut reconnaître que, dans notre grande cité, plus corrompue peut-être en apparence qu'en réalité, il n'y a rien d'aussi digne de respect que ces modestes existences et d'aussi grand que ces humbles vertus.

IV.

Existe-t-il quelques moyens d'améliorer la situation des salariés en faisant hausser la rétribution du travail? Il en existe, en effet, et de deux natures ; les moyens violens et les moyens pacifiques. Les moyens violens sont les grèves, et Dieu sait si, depuis vingt ans, les ouvriers parisiens en particulier se sont fait faute d'avoir recours à cette arme ! On a beaucoup écrit à propos des grèves, et généralement pour condamner l'emploi de ce procédé brutal. Quelques économistes ont même soutenu que, quel qu'en fût le résultat apparent, les grèves étaient toujours nuisibles aux ouvriers. Il me paraît cependant aussi impossible de condamner les grèves d'une façon absolue que de condamner les guerres de nation à nation. Sans doute, les grèves comme les guerres sont toujours chose regrettable (encore y aurait-il bien quelques réserves à faire au sujet des guerres), mais c'est cependant la seule ressource qui reste aux ouvriers si à des exigences raisonnables les patrons ne veulent pas faire droit. Il est parfaitement légitime à l'ouvrier de poursuivre une augmentation de salaire, et il n'y a pas de raison pour qu'il fasse à son patron l'abandon bénévole de ce qu'il peut légitimement réclamer. Ses prétentions ne deviennent condamnables que s'il les pousse au point de constituer son patron en perte, ou même si le bénéfice laissé au patron n'est plus assez grand pour compenser les risques et les responsabilités que celui-ci encourt nécessairement. On peut donc condamner une ou plusieurs grèves, on ne peut condamner toutes les grèves. A ne parler que des grèves parisiennes, celles qui ont suivi d'assez près la loi de 1866 sur la liberté des coalitions ne paraissent pas avoir été inspirées par des exigences déraisonnables. Peut-être bien, en effet, dans un assez grand nombre d'industries, les patrons avaient-ils quelque peu abusé, sinon de l'impossibilité, du moins de la difficulté pour les ouvriers de se coaliser en vue de demander une augmentation de salaires, et peut-être bien ne s'étaient-ils pas assez préoccupés d'assurer au travail sa part dans l'augmentation croissante de leur prospérité.

Ce n'est que depuis quelques années que les ouvriers, encouragés en partie par l'appui constant de certains pouvoirs publics, ont haussé leurs exigences à un taux qui semble peu raisonnable. Mais pour nous, qui recherchons l'influence des salaires sur la misère, nous n'avons point à nous préoccuper de cette question des grèves. Il est, en effet, assez remarquable que les ouvriers qui se mettent en grève, ce sont toujours, à Paris du moins, ceux qui touchent déjà des salaires élevés. Nous avons eu les oreilles rebattues des réclamations des maçons, charpentiers, menuisiers, fumistes, etc., qui, gagnant déjà 6 et 7 francs, voulaient gagner 8 à 9 francs et qui y sont parvenus, au moins provisoirement. Mais on n'a pas oublié l'exemple si instructif du *guetteur*, qui, payé 3 fr. 50 en 1872, est encore payé 3 fr. 50 aujourd'hui. Qui a jamais entendu parler d'une grève des hommes de peine, des couturières ou des lingères? En un mot, ce sont les aristocrates et les privilégiés du travail qui se mettent en grève, ce ne sont pas les humbles et les déshérités. Pourquoi cela? La raison en est bien simple. C'est à cause de leur humilité même, parce que, vivant au jour le jour, ils ne pourraient tenir longtemps rigueur et que la lutte serait trop facile contre eux. C'est aussi parce que les conditions de dissémination où travaillent le plus grand nombre d'entre eux, surtout les femmes, ne leur permettent pas l'entente préalable. Les grèves supposent toujours une profession organisée. L'individu isolé qui vit comme il peut d'un salaire insuffisant ne pense qu'à une chose, c'est à trouver du travail, fût-ce à bas prix. Aussi, tandis que les salaires élevés ont encore haussé à Paris depuis dix ans, les salaires faibles sont demeurés presque stationnaires. Je ne sais même pas s'il ne faudrait pas dire qu'ils ont baissé à cause de l'augmentation du coût de la vie, et ce n'est pas en tout cas sur les grèves qu'il faut compter pour faire augmenter les humbles salaires.

Les moyens que j'ai appelés pacifiques peuvent se diviser en deux catégories; ceux qui, transformant la condition de l'ouvrier, l'associent aux bénéfices directs de la production elle-même, et ceux qui, le laissant dans sa situation de salarié, lui assurent seulement une part dans les profits du patron. C'est le système de la coopération et celui de la participation aux bénéfices. Un mot sur chacun de ces deux systèmes.

Pendant les dernières années de l'empire, il avait été fondé beaucoup d'espérances sur les sociétés coopératives. On avait tellement parlé et reparlé de la *Société des équitables pionniers de Rochdale* qu'on avait fini sincèrement par se persuader que cet exemple heureux pouvait être érigé en règle et que les ouvriers pouvaient, tout en restant ouvriers, devenir aussi patrons en créant, par l'apport de leurs minces souscriptions, le capital de l'établissement industriel dans lequel ils travailleraient. L'idée était ingénieuse; dans certains cas même, elle était juste. C'est ainsi que, dans les sociétés coopératives de consommation, les cliens sociétaires, en prenant leurs repas dans l'établissement et en s'y approvisionnant, réalisent une certaine économie sur le prix de leur nourriture et partagent ensuite entre eux le bénéfice qu'auraient fait les intermédiaires. Mais, sans compter qu'une société de consommation n'est pas facile à établir dans une grande capitale, ces visées étaient trop modestes pour les ouvriers parisiens. Ce qu'ils voulaient, c'était devenir patrons. Aussi se tournèrent-ils vers les sociétés coopératives de production. Pour leur venir en aide, quelques hommes d'affaires, qui, dans la circonstance, se conduisirent en philanthropes, créèrent une caisse d'escompte des associations populaires. Comme le nombre de ces associations était fort petit et qu'elles faisaient fort peu d'affaires, la caisse commença par prêter de l'argent à long terme aux sociétés en voie de formation, afin de pouvoir ensuite escompter leur papier. Mais les sociétés coopératives ne remboursèrent pas la caisse, qui dut elle-même, au bout d'un certain temps, suspendre ses opérations, et tout sombra dans un désastre général.

De tout ce mouvement qui devait transformer les conditions de la production, il ne restait guère, il y a quelques années, qu'un souvenir, une vingtaine de sociétés comptant tout au plus 4,000 adhérens. On s'efforce aujourd'hui de leur donner une vie un peu factice. Un bureau a été créé tout exprès au ministère de l'intérieur pour leur prodiguer des encouragemens. Il est même question de constituer des privilèges au profit des sociétés de production et de leur permettre de concourir aux adjudications de la Ville sans déposer de cautionnement. Quel sera le résultat de ces efforts? Je l'ignore; mais ce que je sais, c'est que, dans un récent congrès ouvrier, un des orateurs a pu parler de *l'illusion coopérative* sans soulever dans son auditoire aucune protestation. Faut-il voir, en tout cas, dans la reprise de ce mouvement un moyen de remédier à l'insuffisance des petits salaires? En aucune façon. Ce n'est pas, en effet, sur un salaire insuffisant qu'on peut économiser l'argent nécessaire pour acheter une action de société coopérative, cette action ne valût-elle que 25 francs, et d'ailleurs ce n'est pas l'intérêt d'une seule action qui changera beaucoup la situation du travailleur. Il faudrait au moins qu'il en pût posséder plusieurs. L'association coopérative n'est donc, comme les grèves, qu'un moyen d'augmenter encore les gros salaires. Notons d'ailleurs en passant que, parmi ces associations, celles qui font de bonnes affaires s'empressent de s'adjoindre sous le titre d'*auxiliaires* de simples salariés, qu'elles paient même assez maigrement.

Tout autre est le système de la participation aux bénéfices, c'est-à-dire l'abandon volontairement consenti par le patron au profit de ses ouvriers d'une quote-part des bénéfices de son industrie. Peut-être a-t-on un peu exagéré les bienfaits de système, lorsqu'on a écrit « qu'il doit apaiser la querelle du capital et du travail, adoucir les haines, modérer les exigences, éloigner le péril des grèves et des révoltes. » Les esprits rigoureux n'ont point eu de peine à démontrer que le jour où la participation aux bénéfices cesserait d'être une faveur accordée par tel ou tel patron à ses ouvriers pour devenir un usage constant, bien des questions irritantes naîtraient de ce partage même. Loin qu'on vît s'adoucir la querelle du capital et du travail, il se pourrait bien faire que le travail ne trouvât pas sa part assez grande, et les exigences des ouvriers, au lieu de se modérer, pourraient bien s'accroître en raison de la concession qui leur serait faite, dès que cette concession prendrait à leurs yeux le caractère d'un droit. Il en serait indubitablement ainsi le jour où la participation des ouvriers aux bénéfices cesserait d'être un abandon volontaire de la part du patron pour devenir une clause imposée par un cahier des charges

quelconque. Telle est la condition nouvelle que nos édiles rêvent
d'introduire dans les entreprises adjugées par la ville de Paris. A
partir de ce jour-là, on pourra dire que tous les bienfaits du système de la participation aux bénéfices seront perdus. Les ouvriers
se croiront, en effet, en droit de se mêler de la gestion de l'entreprise et de critiquer le mode de supputation des bénéfices. Associés
au gain, ils ne voudront pas être associés à la perte, et l'on verra
renaître, tous les conflits d'intérêts qu'on aura rêvé d'apaiser. Mais
le système de la participation aux bénéfices, à supposer qu'on lui
conserve son véritable caractère, peut-il être considéré comme un
remède à l'insuffisance des petits salaires? Théoriquement cela est
incontestable. En fait, et tel que ce système se pratique actuellement, il est permis d'en douter.

Dans un intéressant travail sur les patrons et les ouvriers de Paris,
M. Fougerousse ne relevait en 1880 que 25 maisons ayant adopté
sous une forme ou sous un autre le système de la participation aux
bénéfices. Mettons que ce chiffre se soit quelque peu accru depuis.
En revanche, il en faut défalquer plusieurs maisons de banque et
compagnies d'assurances qui ne comptent à leur service que des
employés. Le nombre des ouvriers proprement dits qui participent
aux bénéfices de leurs patrons est donc infiniment petit, et dans les
maisons où les ouvriers sont nombreux, le bénéfice annuellement
réparti entre eux est assez mince. Comment s'opère cette répartition
des bénéfices? Généralement au prorata des salaires, et d'après ce
principe que celui qui aura touché pendant l'année le plus fort
salaire touchera aussi la plus forte part de bénéfices. Il n'y a que
deux maisons où l'on s'écarte de ce principe. Dans l'une, la répartition a lieu par tête; dans l'autre, on fait également entrer en ligne
de compte le nombre des journées de travail. Mais c'est là une exception. Partout ailleurs on met en pratique cette parole de l'évangile :
« Il sera donné à celui qui a; » parole toute mystique dont il est
cependant curieux de rencontrer dans les faits la constante applica-
tion. On comprendra donc que je ne puisse voir dans le système de
la participation aux bénéfices, tel qu'il est pratiqué actuellement,
un remède à l'insuffisance des salaires.

Ce serait assurément une lacune que de ne pas signaler, parmi les
moyens qui peuvent amener pacifiquement la hausse des salaires,
la diffusion de l'enseignement professionnel. Les avantages de l'enseignement professionnel ressortent de toutes les lignes de cette
étude. Nous avons vu, en effet, que de toutes les professions les
plus désavantageuses sont celles qui peuvent être embrassées sans
instruction préalable et dans lesquelles l'ouvrier n'apporte que la
vigueur de ses bras. Cependant, il faut aussi faire remarquer que
ce remède est plutôt individuel que général, c'est-à-dire que l'en-

seignement professionnel peut permettre à tel individu déterminé d'embrasser une profession bien rétribuée, mais ne saurait faire disparaître les professions qui ne le sont pas. Mieux vaut assurément avoir l'instruction nécessaire pour être maçon que demeurer toute sa vie gâcheur de plâtre. Mais lors même qu'un coup de baguette magique donnerait à tous les gâcheurs de plâtre les connaissances et les aptitudes nécessaires pour être maçon, il n'en faudra pas moins toujours des gâcheurs de plâtre. L'observation est assurément plus théorique que pratique et ne doit décourager aucun des efforts qu'on fait pour répandre l'enseignement professionnel ; encore faut-il cependant que ces efforts soient bien dirigés. Ce qui a contribué en grande partie à avilir les salaires dans les métiers de couturière et de lingère, c'est que l'instruction professionnelle nécessaire pour exercer ces deux métiers a été distribuée à un trop grand nombre de jeunes filles. Ici la généralisation de l'enseignement professionnel a fait plus de mal que de bien, et il aurait infiniment mieux valu former tout simplement des servantes et des cuisinières. Mais de tous les remèdes à l'insuffisance des salaires, la diffusion de l'enseignement professionnel sera longtemps le meilleur. Il ne faut pas toutefois se dissimuler que ce remède n'est pas à la portée de tout le monde et que les moins bien doués, les moins intelligens n'en pourront jamais profiter.

De tous ces faits accumulés tirons maintenant une conclusion. Assurément on ne saurait dire qu'à Paris l'insuffisance des salaires soit une cause de misère générale et permanente. Nous avons vu que, dans la grande majorité des professions exercées par les hommes, les salaires s'élèvent notablement au-dessus du minimum nécessaire à la subsistance, et que même, dans les professions les moins favorisées, à d'assez rares exceptions près, le salaire dépasse un peu ce minimum. Mais nous avons cependant constaté qu'il n'en est pas de même pour les professions exercées par les femmes; que, dans ces professions, les salaires élevés sont l'exception, les salaires faibles la règle, et que la majorité des femmes gagne à peine de quoi suffire strictement aux besoins de leur vie; de telle sorte que la fameuse *loi d'airain*, pure déclamation lorsqu'il s'agit des hommes, pourrait bien avoir une part de vérité lorsqu'il s'agit des femmes, c'est-à-dire de toute une moitié du genre humain. Cherchant ensuite dans la pratique s'il existait quelque remède à cette insuffisance des salaires dans certaines professions, nous avons dû reconnaître qu'il n'y en avait point ou guère : que pour les individus, hommes ou femmes, voués à ces humbles métiers, où le salaire est à peine suffisant pour la subsistance, la grève est un leurre, la coopération une chimère, la participation aux bénéfices un trompe-l'œil, et l'instruction profes-

sionnelle souvent une impossibilité. D'où cette conséquence fatale
qu'il existera toujours à Paris (et on peut ajouter, je crois, dans toute
société dont l'organisation est complexe) un stock assez nombreux
et difficilement réductible d'êtres humains vivant d'anxiétés, de privations, condamnés à la *faim lente*, et auxquels la moindre interruption dans leur travail, la moindre maladie, le moindre chômage
fait connaître la faim aiguë. Ce stock se compose nécessairement
des moins chanceux, des moins adroits, des moins forts, de tous
ceux qui apportent à leur ouvrage l'intelligence la moins développée, les bras les moins vigoureux, les doigts les moins habiles, et
tous les efforts qu'ils pourraient tenter pour sortir de cet état de
dénûment sont condamnés à la stérilité par leur incapacité même.

Mais, diront les économistes, cette triste condition d'une partie
de ceux qui vivent de leurs salaires est un fait non-seulement inévitable, mais conforme à la justice. A chacun selon ses œuvres, telle
est la loi générale à laquelle personne ne peut espérer de se soustraire. Il est parfaitement équitable qu'une prime soit payée aux
plus intelligens, aux plus adroits, aux plus vigoureux. Tant pis pour
ceux auxquels la nature n'a départi ni intelligence, ni adresse, ni
vigueur ! Il est de toute justice qu'ils soient réduits à un salaire
strictement égal à leurs besoins. Les lois économiques le veulent
ainsi et les théoriciens de l'égalité des salaires, les utopistes et les
socialistes peuvent seuls le trouver mauvais.

Sans doute, les économistes ont raison, et au point de vue de la
stricte justice distributive, ce résultat est irréprochable. Ils n'ont
même pas tort d'ajouter que toute tentative faite par voie législative
ou autre pour combattre cette conséquence fatale serait non-seulement chimérique, mais dangereuse, car la force des choses prend tôt
ou tard de terribles revanches lorsqu'on est parvenu pendant quelque
temps à suspendre artificiellement son action. Mais alors il faut con-
venir que les lois économiques sont par elles-mêmes effroyablement
dures, et que, laissées à leur libre jeu, elles contribuent au triomphe
du fort et à l'écrasement du faible. En un mot, elles ne seraient pas
moins impitoyables que les lois de la nature elle-même, dont elles
ne sont au surplus que l'expression. S'il faut, en effet, tenir pour
certaines les théories récentes de la science, la nature devrait nous
apparaître sous des traits bien différens de cette puissance mystérieuse, pacifique et bienveillante que l'imagination aimait à se repré-
senter. Cette mère, dans le sein de laquelle nous croyions, sur la foi des
poètes, trouver la compassion et le repos, ne serait qu'une marâtre
sans entrailles assistant impassible à nos souffrances. « Partout,
dit un auteur que j'aime à citer après l'avoir contredit au début (1),

(1) Voir l'étude de M. Richet sur *le Roi des animaux.*

dans l'air, dans l'océan, dans les forêts, dans les montagnes, dans les plaines, tous les êtres terrestres ou marins, végétaux ou animaux, nous donnent le spectacle d'une lutte mutuelle qui s'exerce incessamment sans trêve et sans merci. Les forts anéantissent les faibles, les gros mangent les petits... Ce n'est pas un cri de joie qui, des flots azurés ou des profondes forêts, s'élève vers le ciel, c'est un cri de détresse et de douleur, c'est le cri des vaincus. Luttes fratricides, combats acharnés, proies dévorées vivantes, carnages, massacres, douleurs, maladies, famines, morts sauvages, voilà ce qu'on verrait si le regard pouvait pénétrer ce que cachent dans leur sein l'impassible océan ou la tranquille forêt. » Ces lignes éloquentes ne sont que le commentaire scientifique de ces vers si mélancoliques de Leopardi :

> So che natura è sorda,
> Che miserar non sa,
> Che non del ben sollecita
> Fu, ma dell' esser solo.

« Je sais que la nature est sourde, qu'elle ne connaît point la pitié et qu'elle a en souci, non pas le bonheur, mais l'existence seulement. » Oui, la nature est sourde et elle ne connaît point la pitié, mais l'homme, du moins, connaît ce sentiment qui est la partie divine de son être, et ce « roi des animaux, » puisque la science se complaît à l'appeler ainsi, conserve en ce point sur ses sujets une supériorité que toutes les ingénieuses observations de l'histoire naturelle ne parviendront pas à lui enlever. C'est donc sur sa pitié que doivent exclusivement compter ceux que l'insuffisance de leur salaire condamne à une existence misérable et met chaque jour à la merci du besoin. A leurs souffrances le principal remède sera toujours l'assistance de leurs semblables, non point l'assistance aveugle et irréfléchie, mais l'assistance rationnelle et intelligente s'exerçant, suivant les cas, tantôt sous la forme de secours directs, tantôt, et de préférence, sous celle d'institutions prévoyantes. La conclusion à laquelle conduit invinciblement une étude attentive de la question des salaires serait donc la justification économique de la charité, et puisque aujourd'hui la charité a besoin d'être réhabilitée, il n'était peut-être pas inutile de mettre en relief cette première conclusion, qui ne paraîtra peut-être pas très scientifique, mais qui, au point de vue pratique, n'en demeure pas moins, j'en suis convaincu, la seule et la vraie.

Othenin d'Haussonville.

Paris. — Imp. A. Quantin, 7, rue Saint-Benoît.